원데이렉쳐
하루만에 끝내는 영어

One-day Lecture
원데이렉쳐

쉬라's English DIAGRAM

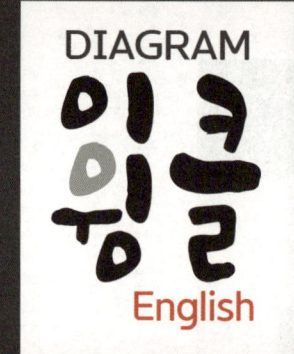

All rights reserved. No part of this publication may be reproduced, stored in a retrieval system, or transmitted, in any form or by any means, without the prior written permission of the copyright owner.

지은이 　엄 성 숙
Writer 　Sheila (쉴라)
作者　　嚴 性 淑

ODL
One-day Lecture 원데이 렉쳐

초판 인쇄일　2014년 7월 18일
초판 발행일　2014년 7월 23일
3쇄 발행일　2018년 10월 31일

발행인　엄성숙
발행처　잉클윙클 출판사
　　　　02-867-8671
　　　　www.diagram1.co.kr
신고번호 제 25100-2009-000042 호

ISBN　978-89-963083-4-8

지은이	엄성숙 (Sheila)
편집 & 디자인 총괄	장소영 (Lucci)
Book 디자인	이덕규 (DK)
쉴라 일러스트	장소영
편집 / 검수 / Mp3	이지선 (Vanessa) Richard Edward Becht
영상 편집	박찬욱 (Ma-son)

원데이렉쳐
하루만에 끝내는 영어

One-day Lecture
원데이렉쳐

엄성숙 지음
Sheila (쉴라)

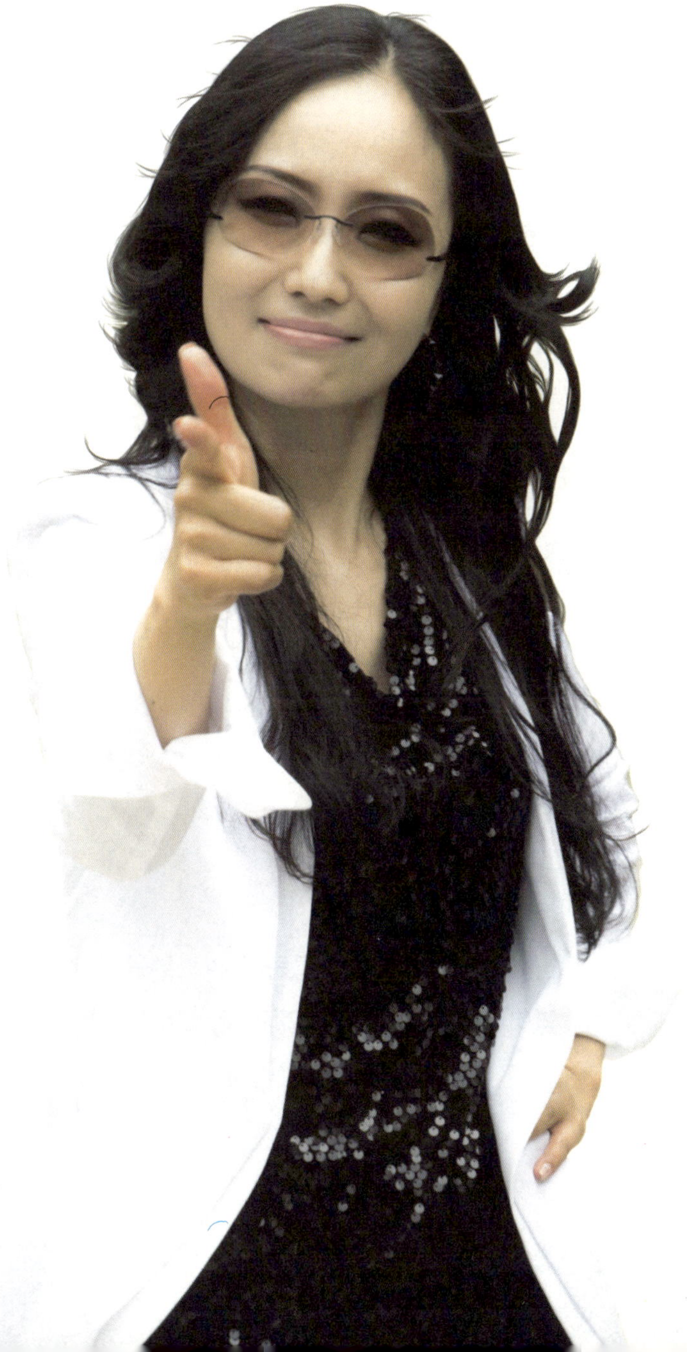

English
윙클
DIAGRAM

1 Day Lecture   1일 강의 원데이렉쳐 란?

안녕하세요! 여러분!
One-day Lecture로 인사드리는 쉴라입니다!
정말 반갑습니다!

English Quick View!

One-day Lecture는
총 8편의 강의로 구성되어 약 1시간 30분 동안
미로 같은 영어를 위에서 내려다 볼 수 있는
보람되고, 기분 좋은 시간을 선물할 것입니다.

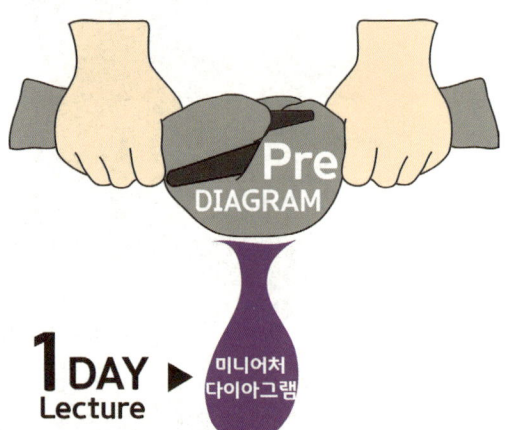

One-day Lecture는
영어의 기본 틀, 구조 중에서도
'**문장이 만들어지는 핵심원리**'를 다루며
영어말하기의 키워드 부분만을
참기름을 짜내듯이 압축해놓은
미니어처 '다이아그램'이라고 할 수 있습니다.

One-day Lecture를 통하여 여러분들이 매우 궁금해 하시는
'영어다이아그램'이 '**무엇**'인지, 그리고 다이아그램 **학습효과**를
짧은 시간동안에 미리 파악하실 수 있는 기회가 될 것입니다.

One Day Lecture

여러분들과 함께 하는 90분 동안
우리가 그동안 알았던 못생긴 **몬스터 영어**가
기분 좋은 영어 친구로 다가올 것입니다.
또한, 1시간 반 동안의 강의만으로도
충분히 영어로 말하고 쓸 수 있는 자신감을 체험하실 것
쉴라, 감히 약속드려봅니다.

단, 동영상 학습 후에 준비되어있는 Practice교재를 꼭! 확인해주세요!

그리고 눈이 아닌 '입'으로
Practice, Practice, **Practice 꾸준히 연습** 하신다면,
행복한 영어여행의 주인공이 되어,
더 많은 세상과 **소통**할 것입니다.

여러분은 이미 충분히 영어의 많은 것을 알고 계십니다.
One-day Lecture를 통해 증명해 보도록 하겠습니다.
영어말하기의 **'스타트라인'**인
One-day Lecture와의 만남을 시작해볼까요?
Shall we?

Love, your Sheila

ODL 미리보기

ODL : One Day lecture

Preview

One-day Lecture를 위한 본 교재는 크게 ① **영상북**과 ② **워크북**으로 나누어져 있습니다.
'영상북'은 Sheila(쉴라)와 함께하는 교재이고, '워크북'은 Self로 혼자 학습하는 교재입니다.

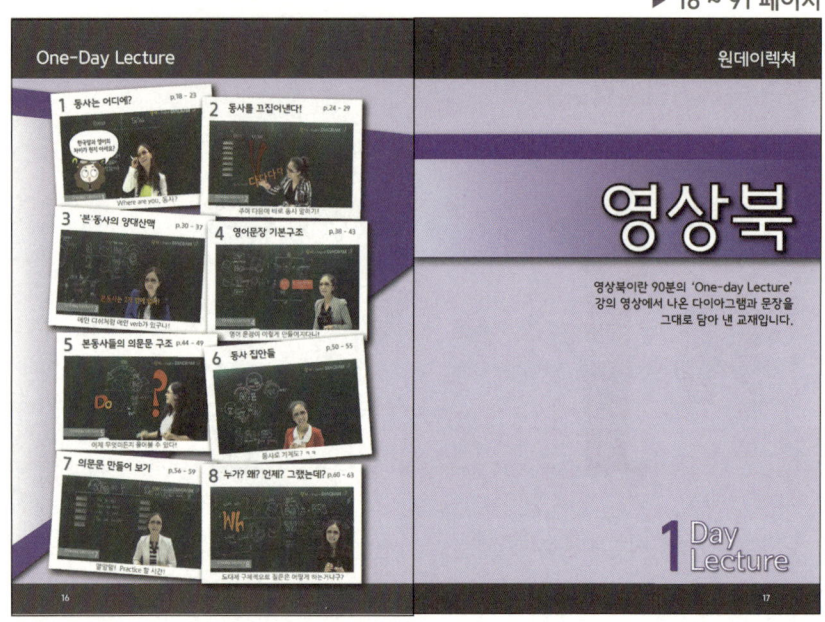

영상북은 말 그대로 쉴라의 동영상 강의를 그대로 옮겨놓은 교재입니다.

동영상 강의를 보며 교재를 공부하셔도 좋고,

시간이 지난 후에 다시 깨끗해진 ㅋㅋ~ 우리의 뇌를 위해 '복습용'으로도 매우 좋답니다!

ODL 강의에서는 우리가 영어로 말할 수 있게 도와줄

14개의 다이아그램을 만나시게 될 것입니다.

또한, 총 67개의 유용한 영어문장들을 '완벽하게'

말 하실 수 있게 되실 겁니다.

문장이 적다고요?? 걱정하지 마세요!

그래서 더 많은 문장을 만날 수 있는 '워크북'을 뒤에

준비했으니까요!

ODL 미리보기

ODL : One Day lecture

Preview

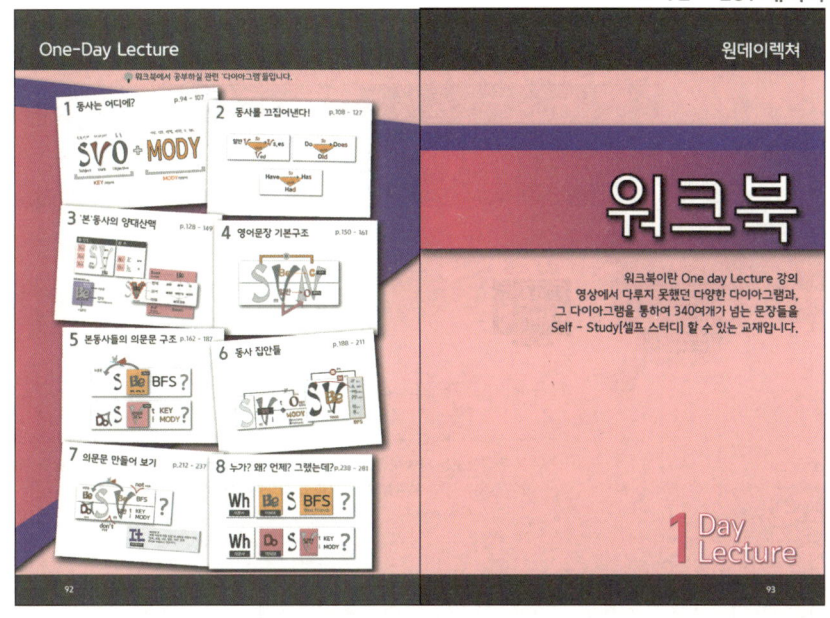

▶ 92 ~ 281 페이지

워크북에는 ODL 강의 영상에서 다루지 않았던
관련 유용한 다이아그램들이 준비되어있습니다.
분명 ODL강의 중 궁금하신 내용이 있으셨을 텐데 '워크북'을 통해
머릿속이 시원해지는 경험을 꼭 체험하시길 바랍니다!
또한, 추가로 340여 개의 문장들이 여러분을 기다리고
있답니다! 충분히 써보고, 말할 수 있게 Practice 교재로 준비되어 있는
워크북의 모든 문장들을 자연스레 습득하시게 될 것입니다!

그럼, 영상북과 워크북을 다 공부하면,
약 400개의 영어문장을 말하고 쓸 수 있다는 거네??
뿌듯! 뿌듯!

ODL 미리보기

ODL : One Day lecture

Preview

동영상 번호
★ 동영상만 보아도 실력이 쑥쑥!

다이아그램
One-day Lecture 영상 속의 다이아그램이나 관련 다이아그램을 삽입.

인덱스
인덱스(Index)가 있어 책을 덮어도 원하는 곳으로 이동 가능.

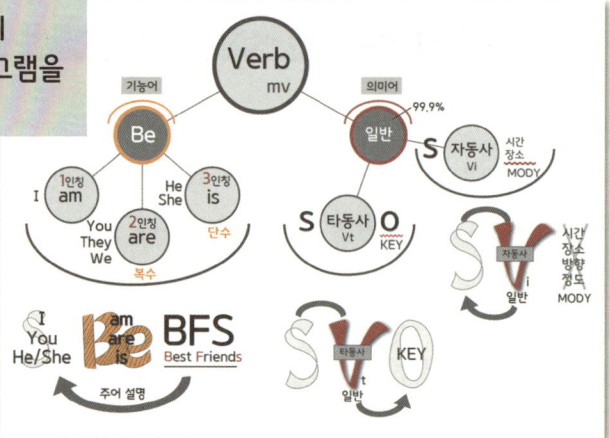

6. 동사집안들

13분 42초

1. 동사 Tree, 가계도

다이아그램 설명
책 속의 설명으로 이해하기.

Family Tree는 가계도, 족보를 뜻한다. 마찬가지로 Verb Tree는 동사네 집안을 한눈에 빠르게 정리해보는 다이아그램이다. 우선 본동사(main verb) 집안은 크게 기능이 많은 기능어인 'Be동사'와 의미를 가진 의미어, '일반동사'로 나뉜다.

💡 Vt : Verb transitive(타동사의) / Vi : Verb intransitive(자동사의)

1 Day Lecture

ODL 미리보기

ODL : One Day lecture

Preview

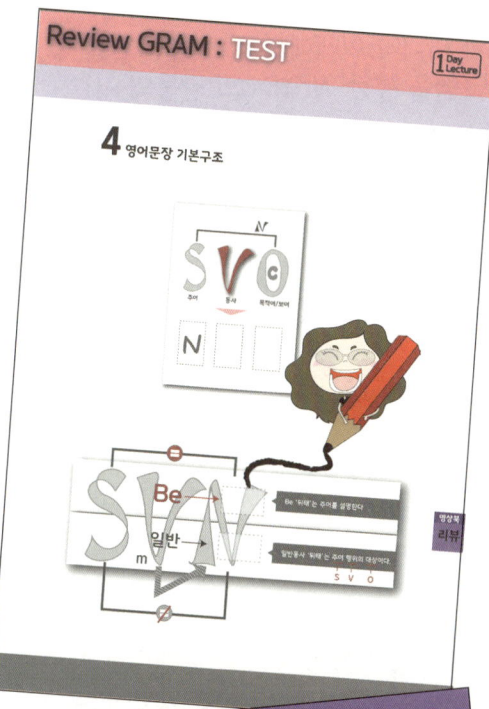

ReviewGRAM

리뷰그램이란
Review + DIAGRAM!
[리뷰]   [다이아그램]
중요 다이아그램을
다시 복습하면서 한번 더 이해하기!

ReviewGRAM TEST

'빈칸' 채우기!
다이아그램을 모두 이해하고
기억하고 있는지
Self-Test 해보는 시간!

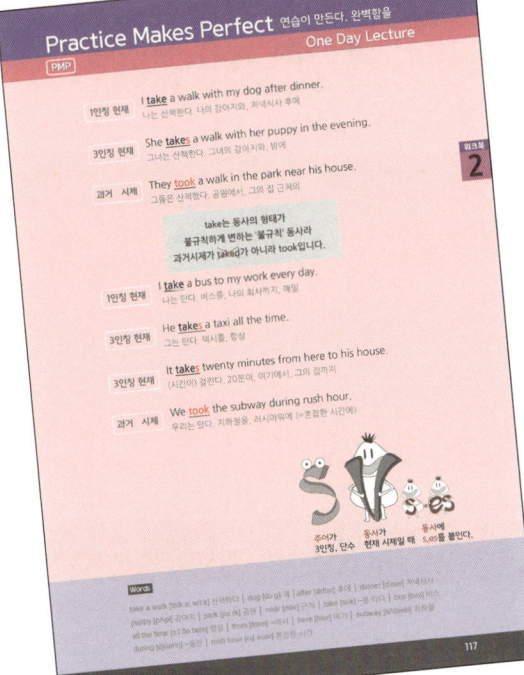

Practice Makes Perfect

"연습은 만든다! 완벽함을"
영어를 입으로 계속
말말말! 말하는 연습을 하다보면
Speaking 실력이 쑥쑥!

ODL 미리보기

ODL : One Day lecture

Preview

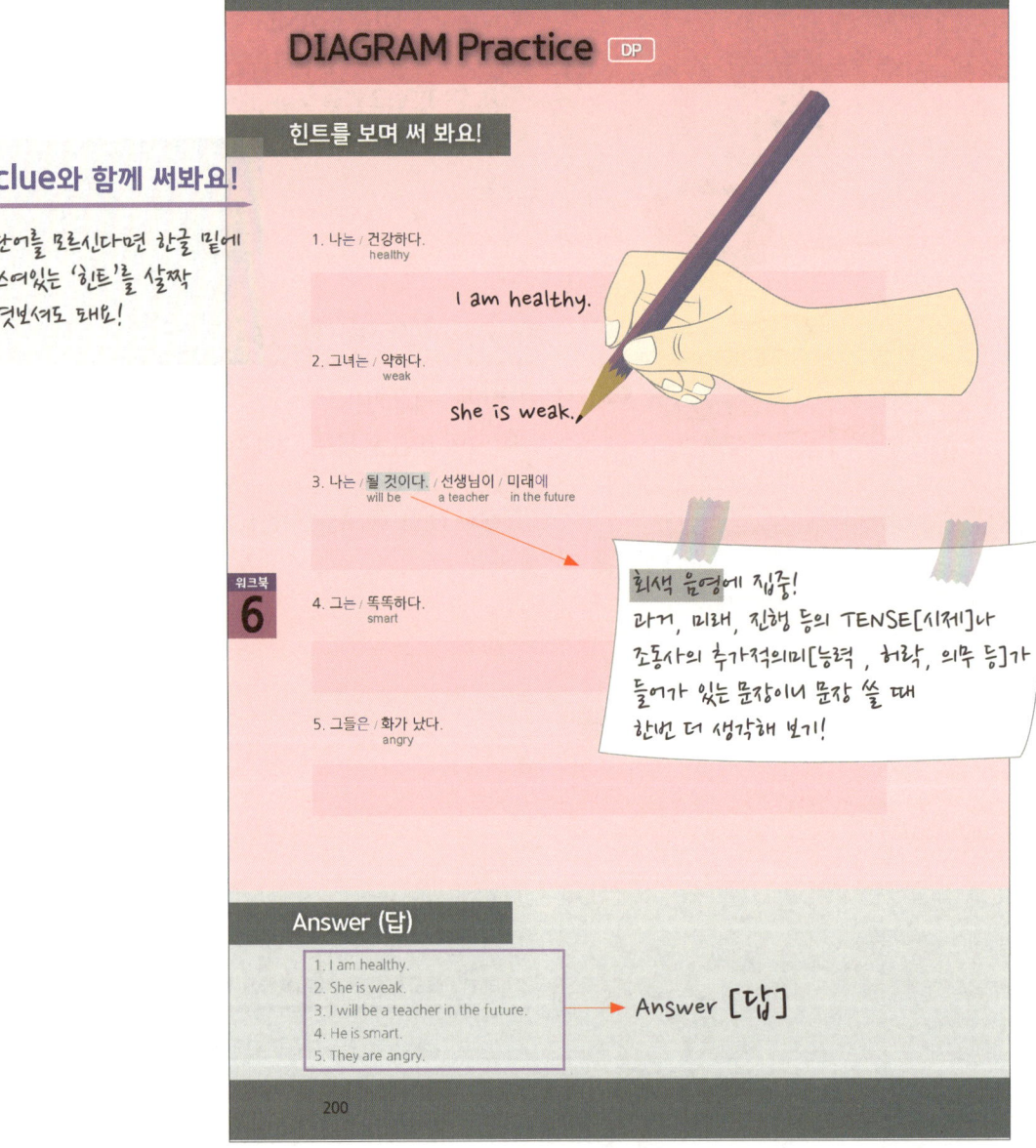

DIAGRAM Practice [DP]

다이아그램을 활용, Practice할 시간!
외워서가 아니라 이해해서 영어 문장 만들기.
다이아그램을 통한 Writing의 감동의 시간!

clue와 함께 써봐요!

단어를 모르신다면 한글 밑에 쓰여있는 '힌트'를 살짝 엿보셔도 돼요!

ODL 미리보기

ODL : One Day lecture

Preview

Snowman Cartoon

잠깐 쉬어가는 페이지!
눈사람 카툰으로 다시 한 번
재밌게 Review[복습] 해봐요!

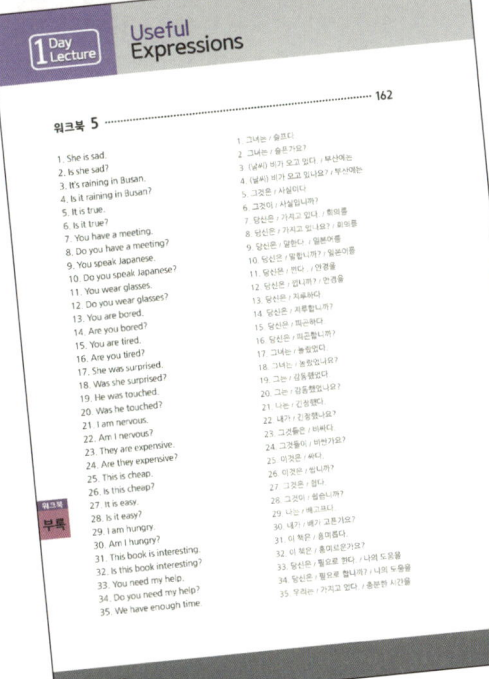

부록

영상북과 워크북에서 배운
영어 문장들을 모두 모아 놓은
부록 페이지.

Contents

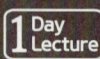

1부 영상북

1. Korean vs English : 동사는 어디에? ·················· 18

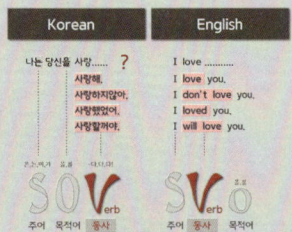

2. 동사를 끄집어낸다! ························· 24

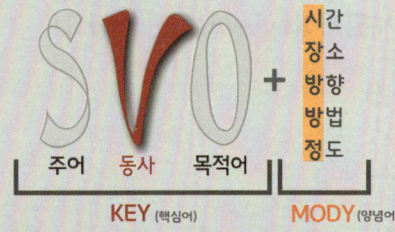

3. '본'동사의 양대산맥 ···················· 30

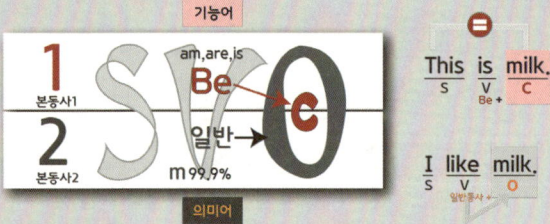

4. 영어문장 기본구조 ·················· 38

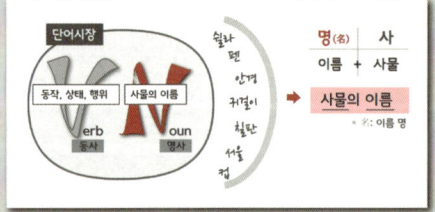

1부 영상북

5. 본동사들의 의문문 구조 ·· 44

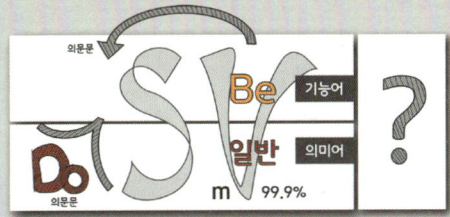

6. 동사집안들 ··· 50

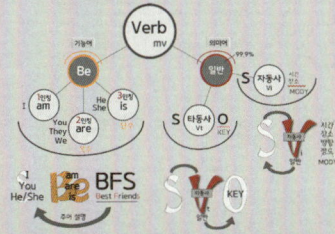

7. 의문문 만들어 보기 ·· 56

8. 누가? 왜? 언제? 그랬는데? ·· 60

■ 리뷰그램과 DP [DIAGRAM Practice] ··························· 64

Contents

2부 워크북

1. Korean vs English : 동사는 어디에? 94
  1] 영어문장 = KEY (주어 + 동사 + 목적어) + MODY

2. 동사를 끄집어낸다! 108
  1] 단어 품종들
  2] 인칭이란?
  3] 3인칭 규격
  4] 삼각대 (일반동사, Do, Have)

3. '본'동사의 양대산맥 128
  1] Be 분류
  2] Be TENSE (시제)
  3] Be Meaning (의미)
  4] 본동사 확인하기

4. 영어문장 기본구조 150
  1] 명사가 보어일 때와 목적어일 때
  2] 보어

2부 워크북

5. 본동사들의 의문문 구조 ········· 162
1] Be동사 의문문 구조
2] 일반동사 의문문 구조

6. 동사집안들 ········· 188
1] Be동사 집안
2] Be BFS (Best Friends)
3] 일반동사 집안
4] 타동사와 자동사

7. 의문문 만들어 보기 ········· 212
1] Be동사 의문문, 부정문
2] 일반동사 의문문, 부정문
3] 비인칭 대명사, It 인칭

8. 누가? 왜? 언제? 그랬는데? ········· 238
1] Wh- 의문사 의문문 PMP
2] 3인칭은 Does로!
3] 과거는 Did로! 규칙

■ **부록 : 유용한 표현들 [Useful Expressions]** ········· 282

One-Day Lecture

1 동사는 어디에? p.18 – 23

Where are you, 동사?

2 동사를 끄집어낸다! p.24 – 29

주어 다음에 바로 동사 말하기!

3 '본'동사의 양대산맥 p.30 – 37

메인 디쉬처럼 메인 verb가 있구나!

4 영어문장 기본구조 p.38 – 43

영어 문장이 이렇게 만들어지다니!

5 본동사들의 의문문 구조 p.44 – 49

이제 무엇이든지 물어볼 수 있다!

6 동사 집안들 p.50 – 55

동사로 가계도? ㅋㅋ

7 의문문 만들어 보기 p.56 – 59

말말말! Practice 할 시간!

8 누가? 왜? 언제? 그랬는데? p.60 – 63

도대체 구체적으로 질문은 어떻게 하는거냐구?

원데이렉쳐

영상북

영상북이란 90분의 'One-day Lecture' 강의 영상에서 나온 다이아그램과 문장을 그대로 담아 낸 교재입니다.

1 Day Lecture

90분으로 만나는 다이아그램의 정수

동사가 뭘까?
영어에서는 동사 찾기가 매우 중요하다 들었는데..
왜 그게 그렇게나 중요할까?
한국말의 동사 위치와 영어의 동사 위치가
다르기 때문이다!
즉, 문장 구조가 완전히 다르다는 것인데..
그것이 바로 내가 영어를 늘 못하는 이유! 두둥~
일단, 이번 영상을 통해서 여러번 강조해도 부족한
한국말과 영어의 동사차이를 깔끔하게 정리하고,
내 것으로 만들어봐야지!

영상북

본 교재는 One-Day Lecture 강의 영상에서 나온 다이아그램과 문장들을 그대로 담아낸 교재 입니다.

1. Korean vs English
: 동사는 어디에?

One-Day Lecture

9분 25초
One-day Lecture 1

1. Korean vs English : 동사는 어디에?

9분 25초
One-day Lecture 1

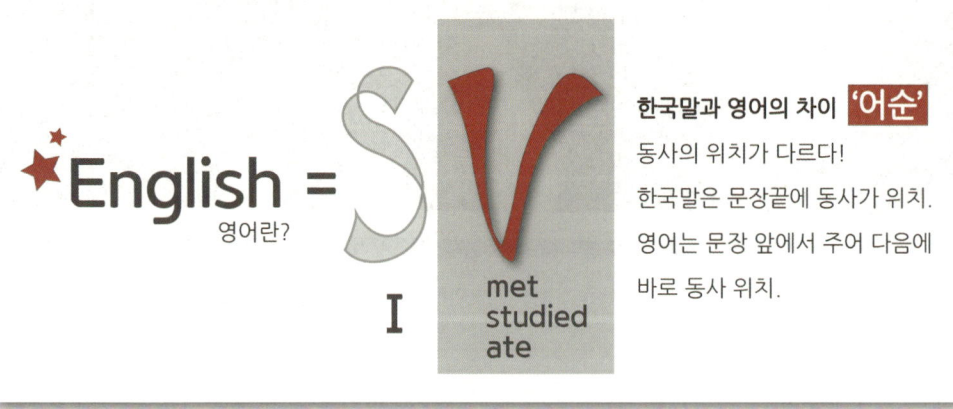

한국말과 영어의 차이 '어순'
동사의 위치가 다르다!
한국말은 문장끝에 동사가 위치.
영어는 문장 앞에서 주어 다음에 바로 동사 위치.

1. Korean vs English : 동사는 어디에?

'영어말하기'가 어려운 이유는 한국말과 영어의 '구조'차이 때문이다.

우리가 영어로 '말을 잘 못 하는 이유'를 확인해보자! "쉴라는 여러분을 사랑....."까지 말하고 문장을 끝맺지 않는다면 이 말이 '사랑한다.'는 것인지 '사랑하지 않는다.'는 것인지 알 수 없다. 한국말은 동작이나 행위를 표현하며 문장의 주된 의미를 결정하는 동사의 위치가 문장 끝에 위치하기 때문에 "쉴라는 여러분을 사랑....."까지 들어서는 명확한 의미파악이 어렵다. 그래서 우리는 '한국말은 끝까지 들어야 한다'는 말을 하곤 한다. 반면 영어는 동사의 위치가 문장 '앞' 쪽에 위치해서 한국말과 전혀 다른 구조를 가진다. 무엇보다 우리가 영어를 잘하려면, 한국말과 영어문장의 구조적 차이를 분명히 이해하는 데서 시작해야 할 것이다.

1. 무조건 '동사 생각'

한국말과 영어의 첫 번째 차이는 '동사의 위치' 이다. 한국말은 끝까지 들을 때 비로소 '사랑한다.'는 말인지, '사랑하지 않는다.'는 말인지 파악이 되지만, 영어는 문장 앞머리에서 결론이 난다. 'Korean vs English 다이아그램' 에서 확인했듯이 문장의 의미를 결정하는 '동사'의 위치가 한국말과 반대로 앞에 위치하기 때문이다. 영어를 말할 때는 '주어'에 해당하는 'I(나는)'나 'You(당신은)' 등을 말하고, 아무리 긴 문장일 지라도 주어의 '동작'이나 '행위', '상태' 등을 표현하는 '동사'를 머릿속에서 꺼내는 연습을 하자!

💡 품사 : 단어를 기능, 형태, 의미에 따라 나눈 갈래, 단어의 품종(品種)
명사, 대명사, 수사, 조사, 동사, 형용사, 관형사, 부사, 감탄사

Words

love [lʌv] ~을 사랑하다 | will [wəl] ~할 것이다

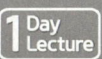

1. Korean vs English : 동사는 어디에?

2. 동사란? ~다!다!다!

동사(Verb)란 '사랑하다, 먹다, 자다, 놀다, 공부하다' 등 주어의 **동작**이나 **상태**를 표현하는 서술어, 설명어이다. '<u>나는 공부한다</u>. 영어를'의 문장에서 '공부한다'가 바로 주어의 동작, 행위인 '동사'이다.

ex) 동사 : love(~를 사랑하다), eat(~을 먹다), sleep(자다), play(놀다), study(~을 공부하다) 등

3. 주어와 목적어란?

주어는 문장의 '주인'을 뜻한다. 우리말의 '~은, 는, 이, 가'에 해당하는 친구들을 '주어(Subject)'라고 하고, 우리말의 '~을, 를'에 해당하는 말을 '목적어(Objective)'라 한다. 즉, 주어가 어떤 행위를 하면, 그 행위를 '동사'라 하고, 그 행위의 대상을 바로 '목적어'라고 한다.

ex) 나는	도왔다.	그 노인을		우리는	말한다.	영어를
주어	동사	목적어		주어	동사	목적어
I	helped	the old man.		We	speak	English.

Words

love [lʌv] ~을 사랑하다 | eat [iːt] ~을 먹다 | sleep [sliːp] 자다 | play [plei] 놀다 | study [stʌdi] ~을 공부하다
will [wəl] ~할 것이다 | help [help] ~을 돕다 | old [ould] 늙은 | man [mæn] 사람, 남자
speak [spiːk] ~을 말하다 | English [iŋgliʃ] 영어

One Day Lecture Special 눈사람들의 겉말 / 속말

CARTOON

 한국말은 어디까지 들어봐야 안다고?

 끝~까지!

제법인데!  그럼! **영어 동사**는 문장의 앞쪽? 뒤쪽? 어디에 위치?

 앞! 쪽!

기특기특! 영어를 말할 때 **주어 다음에** 머릿속에서 바로 무엇을 꺼내라?

 동! 사! 헤이~걸!

 ‥‥‥ 너도 오늘까지다!

 오늘 공부 여기까지!

90분으로 만나는 다이아그램의 정수

1 Day Lecture

문장의 주인이 '주어'이고, 그 주어의 행위나 동작을 표현한 단어를 '동사'라고 하는구나!
즉, '사랑하다, 먹다, 놀다, 공부하다' 등의 단어들이 동사란 말이지!
영어는 우선 주어를 말하고, 주어의 행위를 표현하는 동사를 머릿속에서 바로 끄집어내는 것!
이것이 바로 핵심이라고! 꼭 기억해야지!
신나는 쉴라쌤의 강의와 책을 보면서 다시 한 번 이해해보자!

영상북

본 교재는 One-Day Lecture 강의 영상에서 나온 다이아그램과 문장들을 그대로 담아낸 교재 입니다.

2. 동사를 끄집어낸다!

One-Day Lecture

2. 동사를 끄집어낸다!

9분 52초

영어 말하기의 핵심 키워드인 동사! 동사! 동사를 먼저 생각하고, 머릿속에서 끄집어낸다!
'주어' 바로 다음에 '동사'가 온다는 것을 기억하며, 아래 문장들을 통해서 한국말과 다른 동사의 위치를 확인해 보도록 하자!

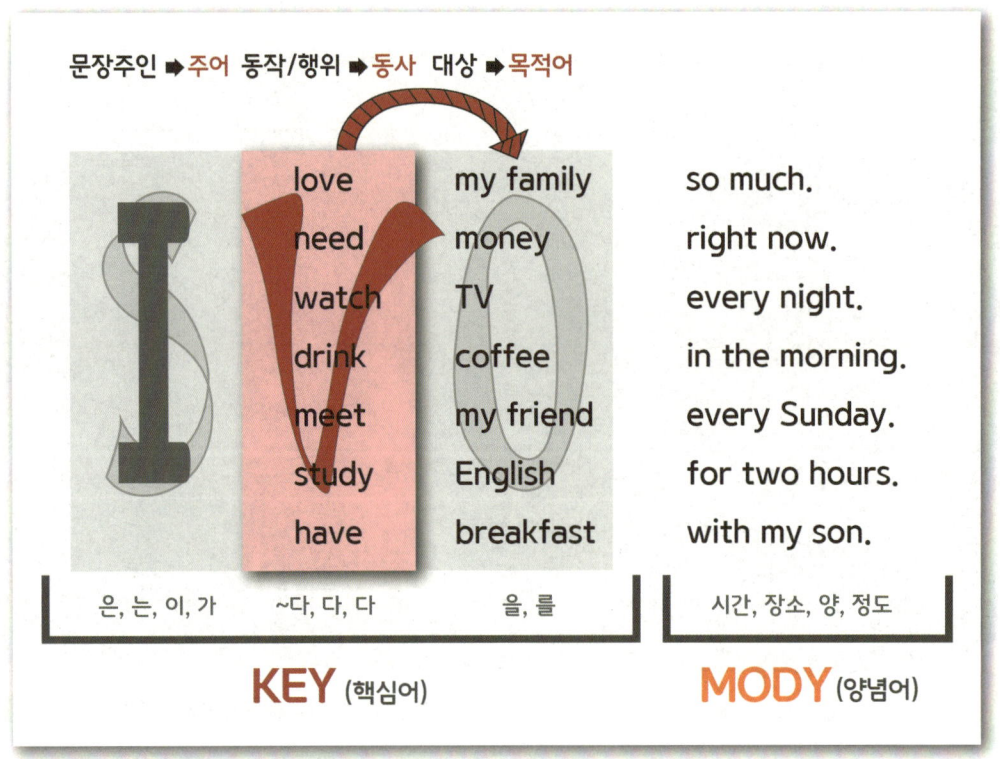

🔵 위 문장에 대한 해석은 28 페이지를 참고해주세요.

2. 동사를 끄집어낸다!

1. 동사를 꺼낸다!

한국말에 익숙한 우리의 뇌를 영어에 익숙하게 하려면 가장 먼저 '~은, 는, 이, 가'에 해당하는 '주어'를 말하고, 문장이 아무리 길어도 주어의 동작이나 행위를 표현하는 '~사랑하다, 먹다, 놀다' 등의 '~다, 다, 다'로 끝나는 '동사'를 머릿속에서 끄집어낸다!
그 뒤에 우리말의 '~을, 를'에 해당하는 '목적어' 및 나머지 이야기들을 붙여나간다.

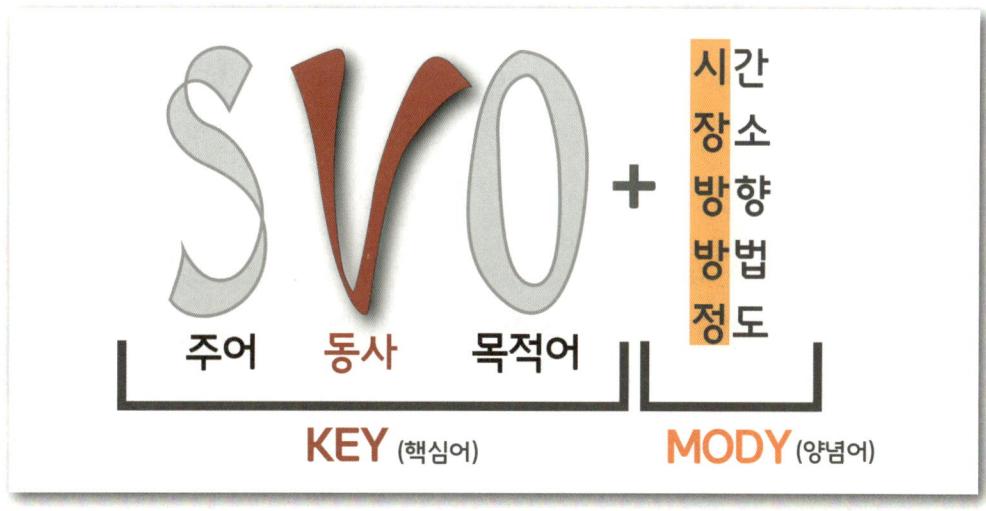

2. KEY & MODY란?

다이아그램에서는 영어를 'KEY(핵심어)와 MODY(수식어 or 양념어)'로 가볍게 이분법 한다. SVO(주어+동사+목적어) 등의 '핵심구조'는 KEY에 해당하고, 이러한 KEY를 도와 문장을 양념하는 '양념어'를 MODY라고 한다. MODY는 문장을 풍성하게 만들며 '시간, 장소, 방향, 방법, 정도, 수' 등을 표현하는 친구들이다. 즉, 방대하고, 복잡한 영어문장의 '구성요소들'을 핵심요소인 'KEY'와 양념요소들인 'MODY'의 친구들로 간단히 두 그룹화 할 수 있다.

Practice Makes Perfect 연습이 만든다. 완벽함을

PMP One Day Lecture

영상북 2

| I | love | my family | so much. |
| 나는 | 사랑한다. | 나의 가족을 | 매우 많이 |

| I | need | money | right now. |
| 나는 | 필요로 한다. | 돈을 | 지금 당장 |

| I | watch | TV | every night. |
| 나는 | 본다. | TV를 | 매일 밤 |

| I | drink | coffee | in the morning. |
| 나는 | 마신다. | 커피를 | 아침에 |

| I | meet | my friend | every Sunday. |
| 나는 | 만난다. | 나의 친구를 | 매주 일요일마다 |

| I | study | English | for two hours. |
| 나는 | 공부한다. | 영어를 | 두 시간 동안 |

| I | have | breakfast | with my son. |
| 나는 | 먹는다. | 아침을 | 나의 아들과 함께 |

S V O — KEY(핵심어)

MODY (양념어) 시간, 장소, 양, 정도 등

Words

love [lʌv] ~을 사랑하다 | family [fǽməli] 가족 | so [souː] 매우 | much [mʌtʃ] 많이
need [niːd] ~을 필요로 하다 | money [mʌ́ni] 돈 | right now [rait nau] 지금 당장 | watch [watʃ] ~을 보다
every night [évri nait] 매일 밤 | drink [driŋk] ~을 마시다 | coffee [kɔ́ːfi] 커피
in the morning [in ðə mɔ́ːrniŋ] 아침에 | meet [miːt] ~을 만나다 | friend [frend] 친구
every Sunday [évri sʌ́ndei] 매주 일요일 | study [stʌ́di] ~을 공부하다 | English [íŋgliʃ] 영어 | for [fər] ~동안
hour [auər] 시간 | have [həv] ~을 먹다 | breakfast [brékfəst] 아침 | with [wəð] ~와 함께 | son [sʌn] 아들

One Day Lecture
Special 눈사람들의 겉말 / 속말

CARTOON

여러분도 동통의 시간을 가져보세요!
88page "영상북 동시통역"에서 영어 말하기 연습을 할 수 있답니다.

90분으로 만나는 다이아그램의 정수

1 Day Lecture

3

문장이라는 것에 반드시 하나는 존재해야하는
'본동사'의 종류가 사실 2개 밖에 없다고?
정말 영어동사의 종류가 그렇게 간단했단 말인가?
수십, 수천만 개의 영어 동사를
딱 두 개로 정리해주는 쉴라쌤!
어떻게 그 많은 동사를 딱 두 개로 정리한 거지?
정말 영어 공부하던 중 가장 듣기 좋았던 이야기다!
확인해보러 가자! 야호~

영상북

본 교재는 One-Day Lecture 강의 영상에서 나온 다이아그램과 문장들을 그대로 담아낸 교재 입니다.

3. '본'동사의 양대산맥

One-Day Lecture

11분 50초
One-day Lecture 3

3. '본'동사의 양대산맥

영어를 '말' 하려면 동작이나 행위를 나타내는 '동사'를 먼저 머릿속에서 끄집어내야 한다. 따라서 영어를 잘하기 위해서는 '동사'라는 녀석과 매우 친해져야 한다. 이러한 동사들은 영어에 몇 개나 될까? 첫째, 문장에서 가장 많이 쓰이는 동사의 '종류'를 알고 둘째, 그러한 동사 뒤에 따라다니는 '뒤태'를 파악하는 것이 우리가 먼저 학습해야 할 것들이다. 그 이유는 주어와 동사 그리고 그 뒤에 함께 따라다니는 친구들이 결국 영어문장을 구성하는 핵심요소들이기 때문이다. 그러한 영어문장 구조를 One-day Lecture 3편에서 공부해 보도록 하자!

1. 영어의 '기본구조'는?

영어를 공부하는 데서 가장 중요한 것은 말이 만들어지는 '원리를 이해'하는 '구조학습'의 선행이다. 영어문장이 만들어지는 가장 흔한 '구조'는 **SVO**이다.
즉, 영어의 기본문장은 '**주어+동사+목적어**'로 이루어진다.

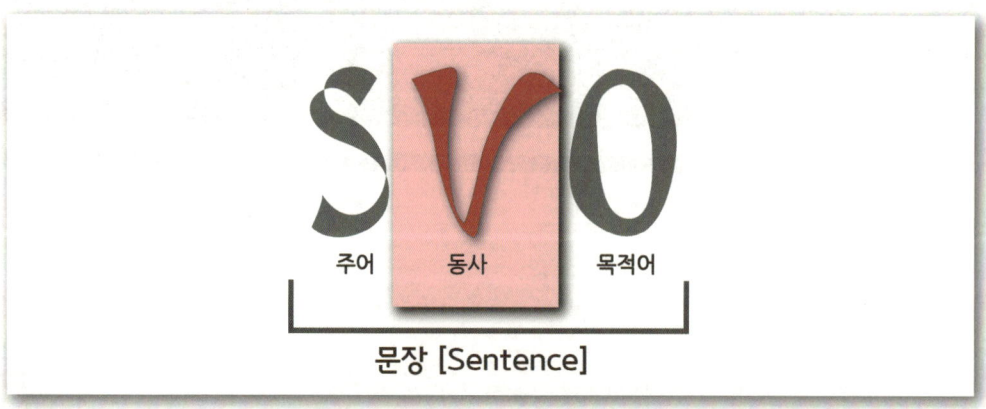

3. '본'동사의 양대산맥

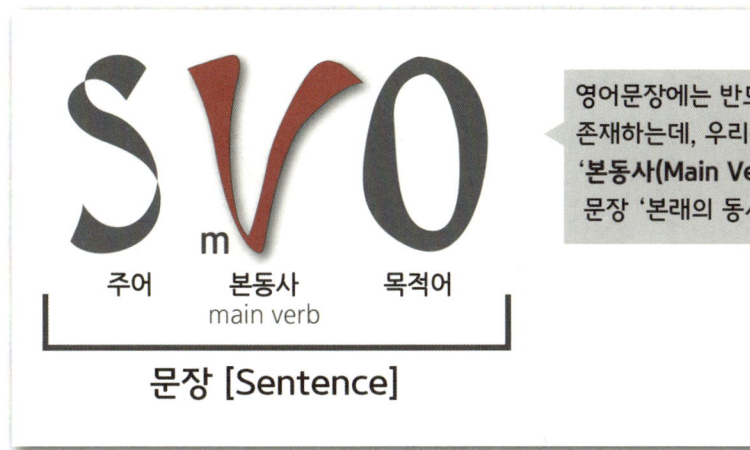

● mV : mV는 main verb(본동사)의 약자로 코드화 한다.

2. 메인 디쉬, '본동사'란?

빠져서는 안 되는 '주요리'를 '메인 디쉬(Main dish)'라고 한다. SVO라는 영어의 기본 구조에서도 'Main' 역할을 하는 친구가 있다. '주어'도 없어도 되고, '목적어'도 없어도 되지만, 반드시 문장이 성립되려면, '~먹다, 놀다, 자다' 등의 **동사**는 존재해야 한다. 이렇게 반드시 하나는 존재해야 하는 동사를 main verb(=주요동사), '본동사'라고 한다.

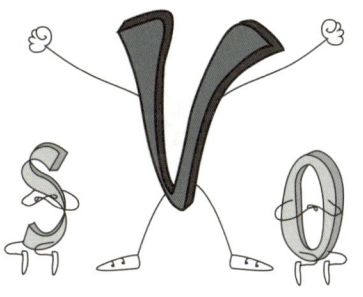

3. '본'동사의 양대산맥

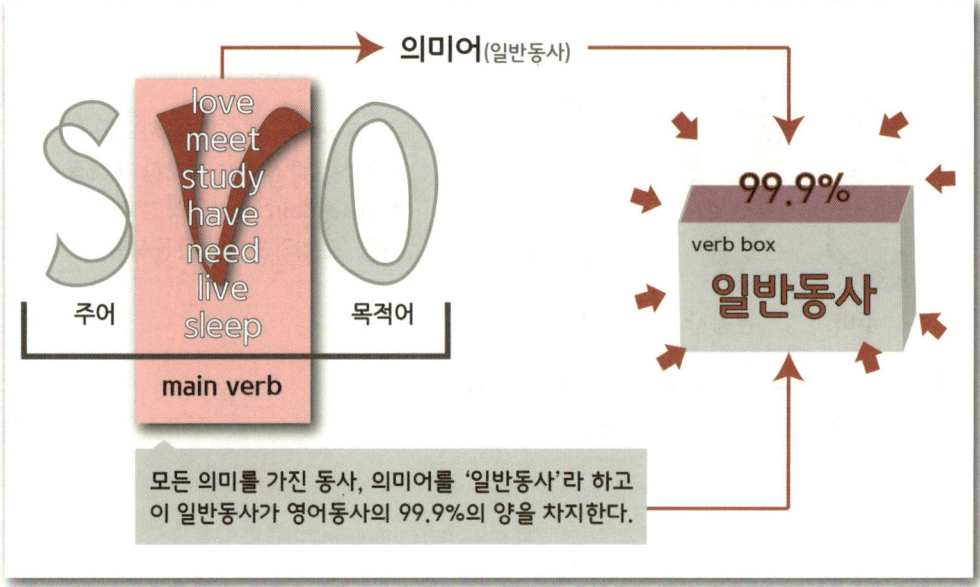

3. 동사의 99.9%는 누구?

영어 동사의 99.9%의 양에 해당할 만큼 아주 흔하게 사용되는 동사 그룹이 있다. 우리는 이러한 동사를 너무나 일반적이어서 '일반동사'라고 한다. love(~를 사랑하다), eat(~을 먹다), sleep(자다), play(놀다), study(~를 공부하다) 등의 의미를 가진 친구들을 '의미를 표현한다' 하여 **'의미어'**라고 하며, 이러한 의미어들을 바로 '일반동사'라 한다. 영어문장에서 가장 많이 사용되는 일반동사의 정의를 꼭 기억하자. 일반동사란? 영어 동사의 99.9%의 양에 해당하는 '의미어'로 '본동사'의 양대산맥 중 하나이다.

3. '본'동사의 양대산맥

의미가 거의 없는 Be 동사는 뒤에 보충어인 보어와 만나 온전한 의미를 가진다

4. Be동사는 별 의미 없다!?

Be동사의 의미(Meaning)는 '(주어가 어떤 상태에) 있다' 또는, '(주어가 어떤 상태) 이다'라는 주어의 **상태**를 표현한다. 즉, Be동사의 기본적 의미는 '~이다, ~있다, ~되다'이다. 이 중에서 '~있다'는 '존재하다(exist)'의 의미도 가진다. 이처럼 Be동사는 '일반동사'와는 다르게 의미가 거의 '없다.' 따라서 일반동사처럼 단독으로 동사의 의미를 표현하지 못한다. 결국, Be동사 뒤에 Be동사의 불완전한 의미를 보충하는 '비타민 C'같은 보어(Complement)를 만나 동사의 온전한 의미를 함께 표현한다.

3. '본'동사의 양대산맥

5-1. 본동사의 양대산맥은?

영어문장에 반드시 하나는 기본적으로 등장하는 것이 **본동사**(main verb)'이다. 이러한 본동사는 딱 2개로 'Be동사와 일반동사'가 있다. 이들을 우리는 '본동사의 양대산맥'이라한다.

Be동사는 의미 전달보다는 다양한 기능을 가진 '기능어'로 분류한다. Be동사의 종류에는 '**am, are, is**'가 있다. 'Be'는 am, are, is의 원래 형태 원형(Root)의 모습이다. 일반동사는 Be동사를 제외한 나머지 모든 동사로 99.9%의 양에 해당하는 대부분의 모든 동사이며 '의미'를 표현하는 것이 주된 역할로 '의미어'에 해당한다.

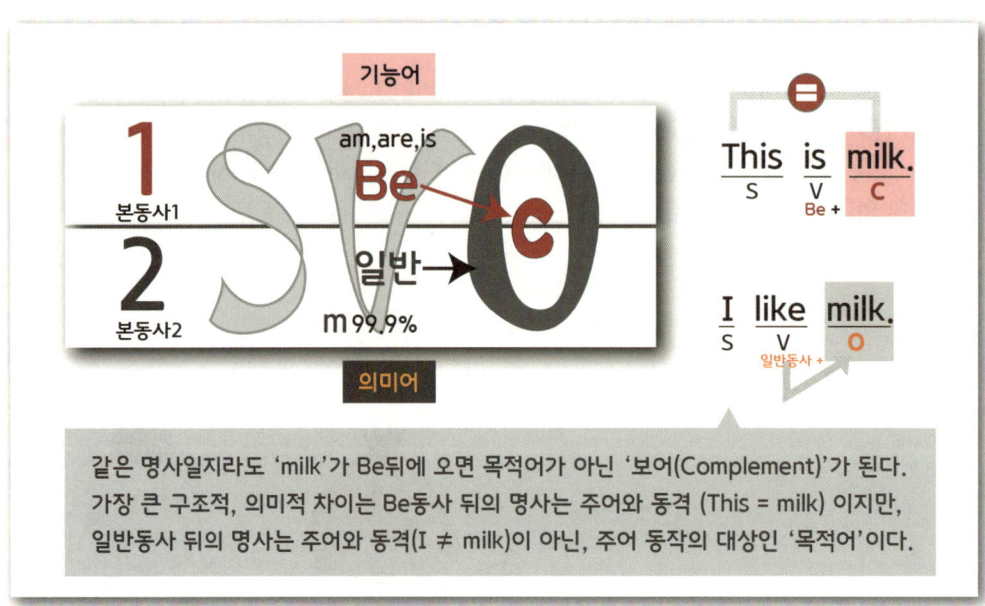

같은 명사일지라도 'milk'가 Be뒤에 오면 목적어가 아닌 '보어(Complement)'가 된다. 가장 큰 구조적, 의미적 차이는 Be동사 뒤의 명사는 주어와 동격 (This = milk) 이지만, 일반동사 뒤의 명사는 주어와 동격(I ≠ milk)이 아닌, 주어 동작의 대상인 '목적어'이다.

Words

milk [milk] 우유 | like [laik] ~을 좋아하다 | doctor [dáktər] 의사 | know [nou] ~을 알다

3. '본'동사의 양대산맥

5-2. 기능어 vs 의미어

'본동사(main verb)'는 문장에서 쓰임에 따라, 크게 '기능어'와 '의미어'로 구분한다.

① 기능어 = Be동사

문장에서 풍부한 동사적 의미를 전달하는 것이 아니라, 핸드폰의 다양한 '기능'처럼 진행형, 수동태, 의문문 등의 특수 문장구조를 만들어 '기능어'라고 한다. 기능어는 본동사의 기능뿐만 아니라, 조력자인 조동사의 기능도 하는 스마트한 친구이다.

② 의미어 = 일반동사

문장에서 주된 업무가 '의미'를 표현하는 친구들로 '일반동사'가 의미어에 속한다. 우리가 단지 '단어'만으로도 의미를 전달할 수 있는 친구들을 '의미어'라 한다. Be동사를 제외한 '사랑하다(love), 놀다(play), 먹다(eat), 살다(live)' 등의 의미를 가진 동사들이 일반동사에 속한다.

5-3. SVO? SVC?

모든 사물의 이름을 우리는 '명사'라 한다. 명사는 뒤에서 자세히 확인해보자. 우리는 'SVO'라는 구조에는 매우 친숙하나, SVC는 낯설게 느껴진다. 하지만 SV+O만큼 SV+C의 구조도 매우 중요한 기본구조 중 하나이다. '본동사'가 누구냐에 따라 뒤에 등장하는 명사가 '목적어(O)'와 '보어(C)'로 달라질 수 있다.

영어 기본 문장 구조						
S 주어	V 동사	C 보어		S 주어	V 동사	O 목적어
I 나는	am 이다.	a doctor. 의사		I 나는	know 안다.	a doctor. 의사를
Be동사 + C				일반동사 + O		

Be동사 뒤에 온 명사 'a doctor'는 Be동사의 불완전한 의미를 보완하며 주어를 설명한 '보어' 이다. 하지만 일반동사 know 뒤에 등장한 'a doctor'는 우리가 일반적으로 잘 알고 있는 SVO에서의 '목적어'이다. 이처럼 목적어를 취하는 것은 일반동사이지, Be동사는 아니다. 본동사들의 구조적 차이를 구분하는 것은 영어에서 매우 중요하다. 한국인이 가장 많이 틀리는 구조 중 하나로 그 차이를 One-day Lecture 워크북 '3'편에 준비된 문장을 통해 이해해보자.

90분으로 만나는 다이아그램의 정수

1 Day Lecture

토익, 토플, 학교성적, 승진시험, 영어말하기,
쓰기 등등등.. 이것들 모두 다 잘 하려면
반드시 '기본기'가 있어야한다고 했는데?
바로 그 기본기라는 것이 무엇이냐면?
영어문장이 '어떻게 만들어지는지를 이해'하는 것이라고!
우선, 주어 다음에 바로 '동사'가 온다는 것은 알았고,
그러한 동사에는 2가지가 있다는 것도 확인했지!
이젠 그 2개의 동사 '뒤에' 어떤 친구들이 등장하는지만
안다면 '영어기본 문장구조'는 문제없다는 행복한 사실!
쉴라쌤과 함께 동사의 '뒤태' 베프(Best Friends)들을
확인해보러 가자고!

영상북

본 교재는 One-Day Lecture 강의 영상에서 나온 다이아그램과 문장들을 그대로 담아낸 교재 입니다.

4. 영어문장 기본구조

One-Day Lecture

12분 05초
One-day Lecture 4

4. 영어문장 기본구조

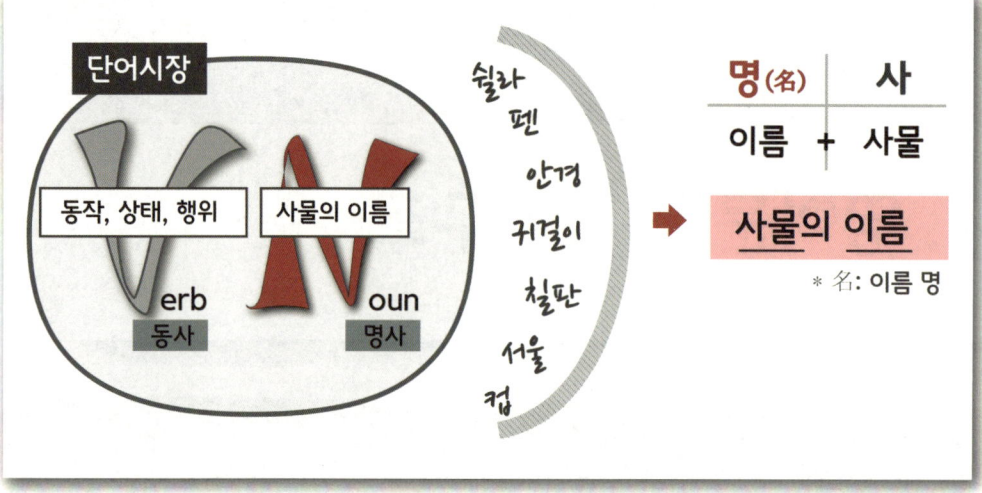

1. 단어시장의 동사, 명사

영어 '단어'들은 그 종류에 따라 품종이 나뉜다. 주어의 '동작이나 행위'를 표현하는 단어품종을 우리는 '**동사**'라고 한다. 세상 모든 사물에는 저마다 이름이 있다. 이러한 '사물의 이름'을 표현하는 단어품종들은 '**명사**'라고 한다. 이름 '명(名)'으로 모든 사물 (사람, 건물, 지명 등)의 이름을 표현하며, 보이지 않는 개념의 love(사랑), peace(평화), honesty(정직), information(정보) 등도 '명사'에 해당한다.

ex) cup, pen, book, Seoul, Korea, Han River, Sheila 등

4. 영어문장 기본구조

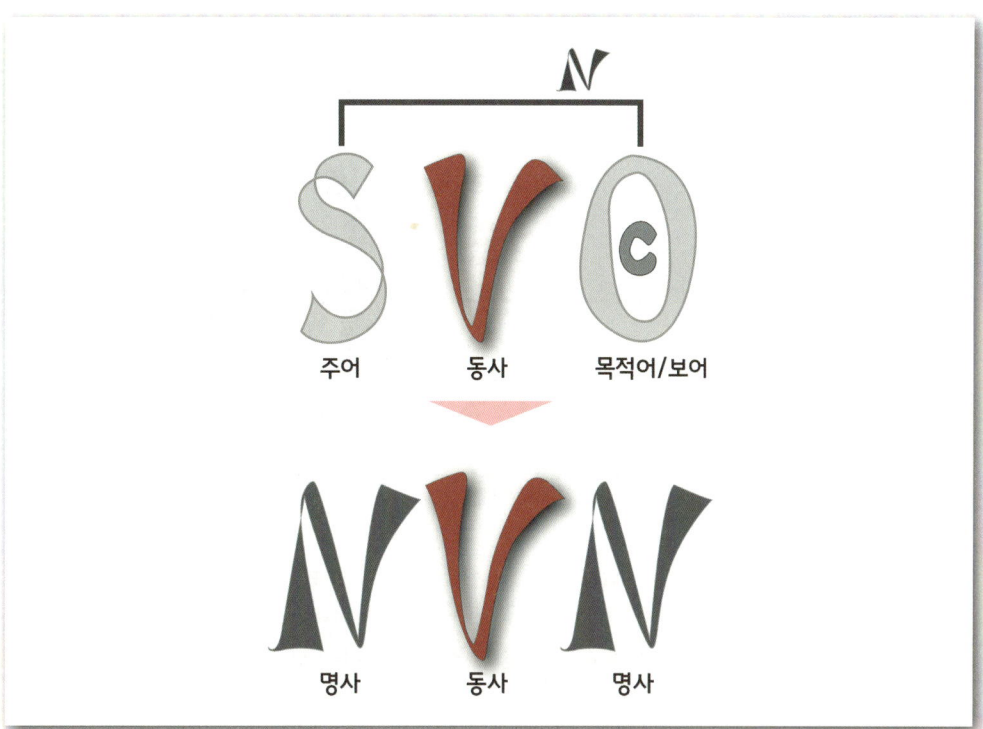

2. 주어와 목적어는 명사 품종만 사용

영어에서 '넘버 1' 중요한 핵심어가 **동사**라면 '넘버 2' 중요한 핵심어는 바로 **명사**이다. 영어문장의 주요 요소인 주어, 목적어 그리고, 보어 역할을 하는 것은 바로 다름 아닌 '명사 (**N**oun)'라는 품종이다. 영어의 기본 문장 구조인 'S(주어), V(동사), O(목적어) 또는 C(보어)' 자리에 등장하는 명사를 대입하면 '**N+V+N**'이라는 간단한 구조가 보인다. 영어문장을 구성하는 주요친구들인 'S(주어), O(목적어), C(보어)의 역할'을 수행하는 능력자는 바로 '명사 (**N**oun)'임을 꼭 기억하자!

4. 영어문장 기본구조

3. 명사가 '보어'일 때와 '목적어'일 때

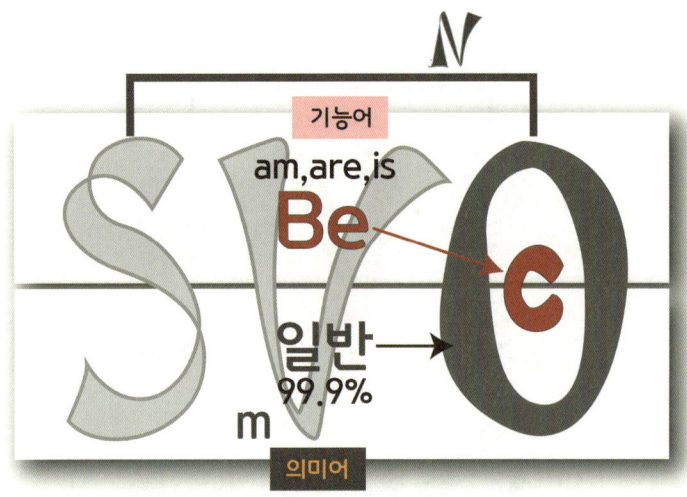

본동사가 누구냐에 따라 명사(Noun)는 '보어(Complement)'도 되고 '목적어(Objective)'도 될 수 있다. Be동사 뒤에 온 명사는 목적어가 아닌, 보어이다. 이때 '명사 보어'는 주어를 보충 설명한 친구로 주어와 '동격(equal)의 관계'를 이룬다. 반면, 일반동사 뒤에 온 명사는 주어와 동격의 관계가 아닌, 주어 행위의 대상인 '목적어'라고 한다. 목적어는 우리말의 '~을, ~를'에 해당한다. 영어에서 '목적어와 보어'를 구분해야 하는 이유는 커다란 의미차이가 있기 때문이다.

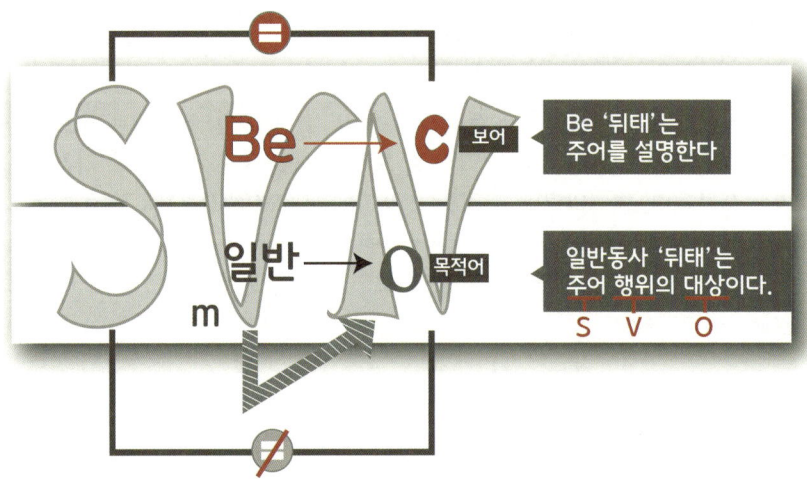

Words

computer [kəmpjúːtər] 컴퓨터 | use [juːz] ~을 사용하다 | father [fáːðər] 아버지 | help [help] ~을 돕다

4. 영어문장 기본구조

4. 한국인이 가장 많이 틀리는 비타민 'C', 보어

다이아그램에서 간단히 정리해보자. Be동사 뒤에 등장한 명사는 '보어'로서 주어와의 관계가 '동격'이고, 일반동사 뒤에 온 명사는 '목적어'로 주어와의 관계가 '동격'이 아닌, 주어행위의 대상자나 대상물에 해당한다. 문장들을 통해 그 구조와 의미 차이를 확인해 보자.

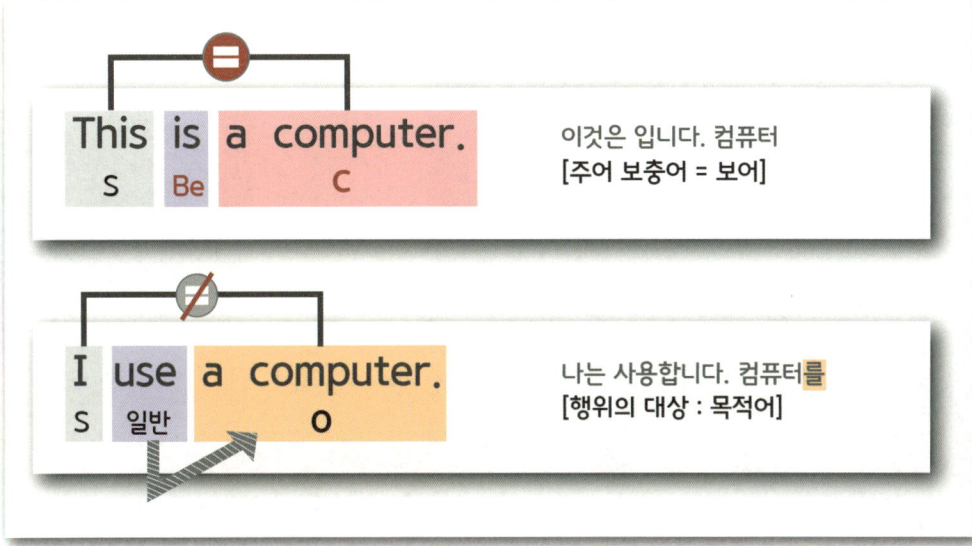

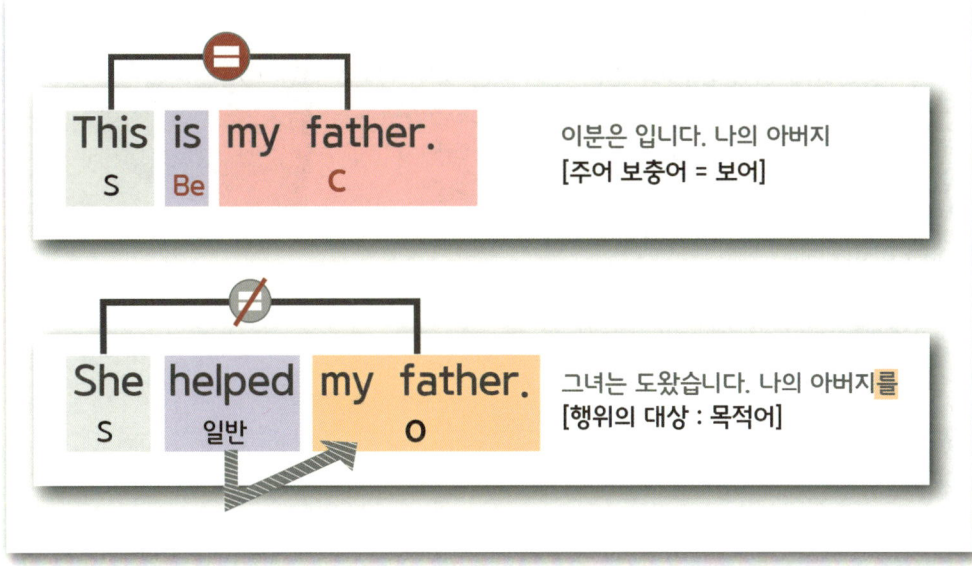

90분으로 만나는 다이아그램의 정수

1 Day Lecture

5

이젠 영어 문장 만들 자신이 생겼다고!
야호! Thank you, 쉴라쌤!
근데.. 외국인 친구들 만나면 물어보고 싶은 것이 많은데
도대체 물어보는 것, '의문문'은 어떻게 만드는 걸까?
영어 '기본문장구조'를 앞서 정확히 파악했다면
'의문문'은 누워서 떡먹기? A piece of cake?
이라고 하던데, 그럼 나 5편 공부하면,
리처드한테 질문 할 수 있는 거지?
또~ 야호!
정말 물어볼 것이 많았는데 유익한 강의가 되겠는걸!

영상북

본 교재는 One-Day Lecture 강의 영상에서 나온 다이아그램과 문장들을 그대로 담아낸 교재 입니다.

5. 본동사들의 의문문 구조

One-Day Lecture

11분 36초
One-day Lecture 5

5. 본동사들의 의문문 구조

11분 36초

 기능문

① 평서문 : 나는 예쁘다.
② 의문문 : 내가 예쁩니까?
③ 부정문 : 나는 예쁘지 않다.

영어회화의 중심에는 질문하기에 해당하는 '의문문' 만들기 과제가 있다. 의문문의 구조를 이해하고 만들 수 있다는 것은 회화를 할 수 있다는 의미이다. 평서문을 '의문문'이나 '부정문' 등으로 변형한 문장들을 총칭해서 '기능문'이라 코드화하자.

1. Be는 '슈퍼맨'

본동사(main verb) 자리에 등장하는 'Be동사'와 '일반동사'는 각기 의문문을 만들 때 같은 구조를 가질까? 우선 스마트하게 기능이 많은 기능어 'Be동사'는 누구의 도움도 필요 없이 Self(셀프)로 **'혼자서'** 기능문을 만들 수 있다. 자신이 슈퍼맨이 되어 주어 앞으로 날아가 앉으면 간단하게 의문문이 만들어진다. 정말 성능 좋은 기능어의 활약이다. 아래 문장들을 통해서 '나 예뻐?' '너 행복해?' '그는 바쁘니?'라는 Be동사 의문문을 만들어보자.

5. 본동사들의 의문문 구조

2. 일반동사는 'Do 커플'

영어 본동사의 양대 산맥 중 의미를 표현하는 '의미어'인 '일반동사' 의문문은 어떻게 만들까? 영어 동사의 99.9%를 차지하는 '일반동사'의 의문문 구조를 안다는 것은 대부분 영어문장을 만들 수 있다는 행복한 의미이기도 하다. 기능어인 Be동사와 달리, 기능 없이 '의미'만을 표현하는 일반동사는 조력자가 필요하다. 바로 조동사인 'Do'동사가 문두에 위치하여 '의문문'을 만든다.

조력자가 **필요해**!

Words

pretty [príti] 예쁜 | happy [hǽpi] 행복한 | busy [bízi] 바쁜 | know [nou] ~을 알다
need [ni:d] ~을 필요로 하다 | help [help] 도움

5. 본동사들의 의문문 구조

● mV : mV는 main verb(본동사)의 약자로 코드화 한다.

3. Be동사 vs 일반동사 : 의문문 차이

본동사가 누구냐에 따라 달라지는 구조가 많다. 동사 뒤에 위치하는 명사는 본동사에 따라 '보어'와 '목적어'로 달라질 수 있다. 마찬가지로 본동사가 누구냐에 따라 의문문 구조도 달라진다. 따라서 'Be동사'와 '일반동사'의 구조적 차이점을 강조하는 것은 지나치지 않을 만큼 중요하다. 의문문을 만들 때, '기능어'인 Be동사는 누구의 도움도 없이 **'주어 앞'**으로 자신이 이동해서 의문문을 만든다. 반면, 동사 대부분을 차지하는 '의미어'인 일반동사는 조력자, Do 동사의 도움 없이는 기능문을 만들 수 없다. Be동사는 의문문을 '스스로' 만들고, 일반동사는 'do'의 도움을 받아 기능문(의문문, 부정문 등)을 만든다는 것을 다시 한 번 상기하자.

5. 본동사들의 의문문 구조

Be동사 의문문 만들기

평서문	의문문
I **am** pretty. 나는 예쁘다.	**Am** I pretty? 내가 예쁜가요?
You **are** happy. 당신은 행복하다.	**Are** you happy? 당신은 행복한가요?
He **is** busy. 그는 바쁘다.	**Is** he busy? 그는 바쁜가요?

일반동사 의문문 만들기

평서문	의문문
I **know** you. 나는 안다. 당신을	**Do** I know you? 내가 아나요? 당신을
We **need** help. 우리는 필요로 한다. 도움을	**Do** we need help? 우리는 필요로 합니까? 도움을
They **live** in London. 그들은 산다. 런던에	**Do** they live in London? 그들은 삽니까? 런던에

Do I know you? 는 직역하면 '내가 당신을 압니까?' 의 의미지만, '우리가 만나본 적이 있나요?' 란 의미를 가지는 매우 유용하고 많이 쓰이는 표현이다.

90분으로 만나는 다이아그램의 정수

1 Day Lecture

앞서 배운 본동사 2개는 'Be동사와 일반동사!'
Be동사 자식은 3명이고, 일반동사 집안은 크게 2개,
두 집안으로 나눠진다는 사실!
헷갈린다고? 그렇다면, 쉴라쌤의 시원하고,
깔끔한 강의를 보며 정리를 해보자고!
보기만 해도 자연스럽게 이해되는
쉴라쌤의 '동사집안들' 이야기!
동사 가계도인 'Verb Tree' 다이아그램을
만나보러 가자고!
Are you ready?

영상북

본 교재는 One-Day Lecture 강의 영상에서 나온 다이아그램과 문장들을 그대로 담아낸 교재 입니다.

6. 동사집안들

One-Day Lecture

13분 42초
One-day Lecture 6

6. 동사집안들

1. 동사 Tree, 가계도

Family Tree는 가계도, 족보를 뜻한다. 마찬가지로 Verb Tree는 동사네 집안을 한눈에 빼곡히 정리해보는 다이아-그램이다. 우선 본동사(main verb) 집안은 크게 기능이 많은 기능어인 'Be동사'와 의미를 가진 의미어 '일반동사'로 나뉜다.

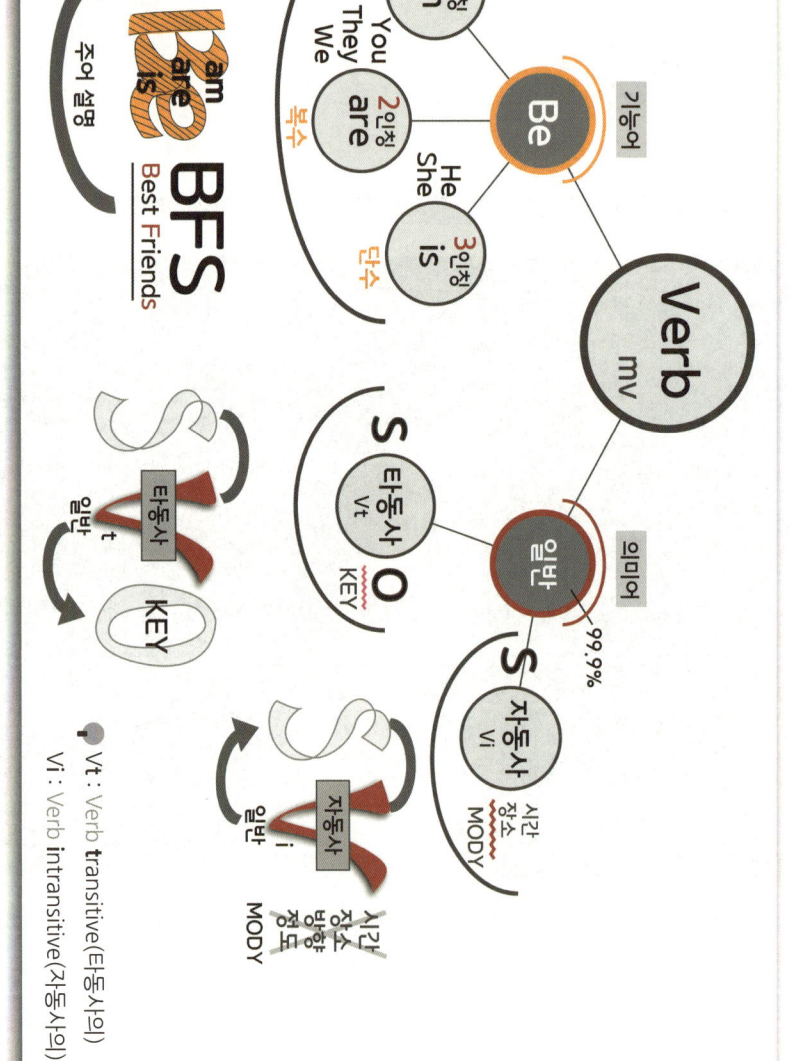

● Vt : Verb transitive(타동사의)
● Vi : Verb intransitive(자동사의)

6. 동사집안들

2. Be동사 집안

Be동사 집안에는 Root(뿌리)에 해당하는 'Be'가 중심을 잡고, 'am, are, is'라는 세 명의 자식이 있다. am, are, is는 주어에 따라 사용된다. 주어가 1인칭일 때는 'am', 2인칭일 때는 'are', 3인칭일 때는 'is'를 쓴다. 1인칭은 '나(I)'를 의미하고, 2인칭은 '너(You)'를 의미하며, 3인칭은 '나'와 '너'를 제외한 나머지(He, She, It)를 의미한다. am은 일편단심으로 주어 'I' 하고만 쓰이지만 'are'는 주어가 복수일 때 쓰이고, 'is'는 주어가 단수 일 때 쓰인다. Be동사의 의미로는 '~이다', '~있다', 그리고 '~되다'로 이들은 뒤에 나오는 친구들과 함께 '주어의 상태'를 표현한다.

3. Be동사 Best Friends, BFS

Be동사는 항시 뒤에 같이 다니는 Best Friends들이 있다. 즉, Be동사의 Full Structure [전체구조]로 Be뒤에 등장하는 뒤태 구조를 의미한다. 우리는 이들을 간단히 Be BFS(**B**est **F**riends)라고 묶어 코드화한다. Be동사와 함께 하는 BFS들은 주어의 상태를 설명하는 친구들이다. Be BFS에 대해서는 뉴프리다이아그램 Season 1(시즌 1)에서 더 배워보자!

4. 일반동사 집안

영어 동사의 99.9%를 차지하는 '의미어'인 '일반동사' 집안은 '타동사'와 '자동사'로 나뉜다. 이들은 분명 성격이 다른 친구들로 그 '구조적' 차이가 분명하다. 일반동사 뒤에 '누가 따라오느냐?' 즉, 일반동사의 '뒤태'에 따라서 '타'동사와 '자'동사로 구분된다. 타인인, '목적어'를 데리고 다니는 동사를 '**타동사**'라 하고, 누구의 도움 없이도 혼자 **자립**할 수 있는 동사를 '**자동사**'라 한다. 한마디로, 일반동사 뒤의 목적어 유무에 따라서 일반동사는 자동사, 타동사로 나뉜다. 타동사 뒤에는 주어 행위의 대상인 '목적어'가 등장한다. '나는 쳤다.' 라고 말할 경우 우리는 '무엇을 쳤는지'에 대한 대상 즉, 목적어가 문장에 빠져있음을 알 수 있다. 우리말의 '~을, 를'에 해당하는 목적어는 구조적으로 지울수 없는 '명사'로 KEY에 해당하는 핵심구조이고, 자동사 뒤에 오는 '시간, 장소, 방향, 정도' 따위를 표현하는 친구들은 양념어로 'MODY'에 해당한다. MODY는 문장에서 부가적 구조로 지워도 구조적 하자가 없는 친구들이다.

6. 동사집안들

Structure : 영어문장 구조

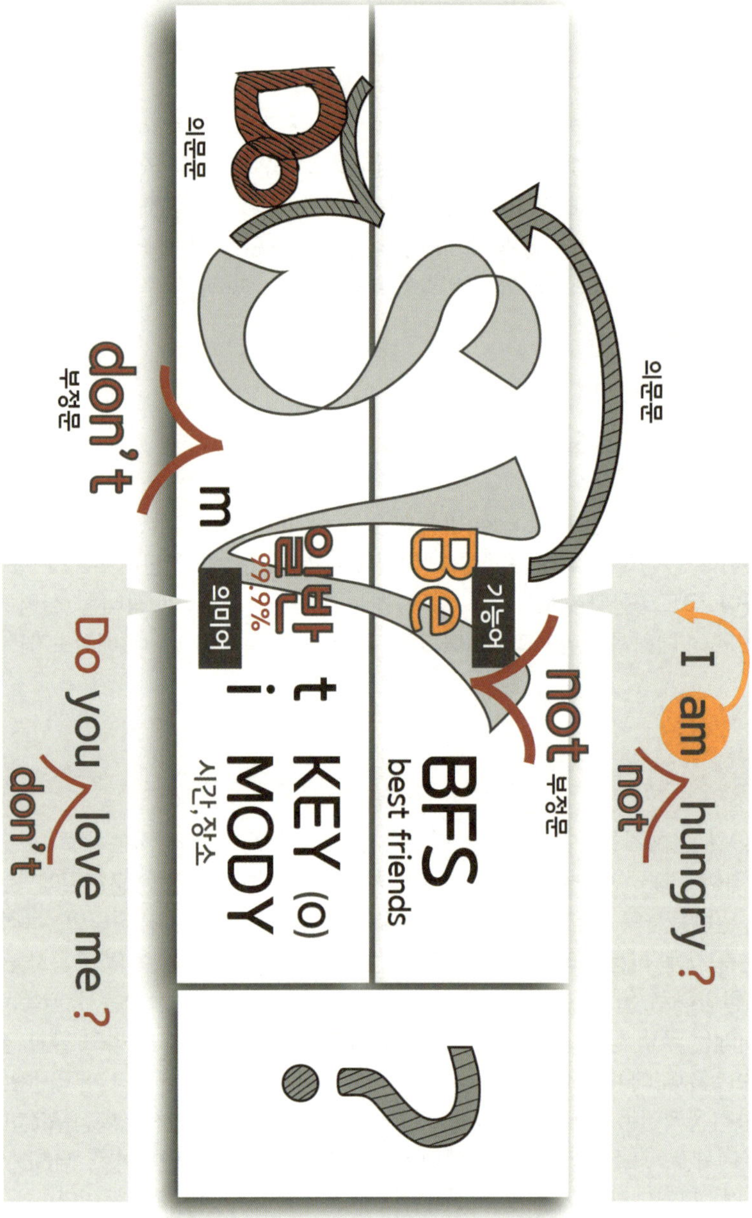

6. 동사집안들

5. Be동사 vs 일반동사 : 의문문과 부정문 구조

Be동사 '부정문'은 Be 뒤에! Be 뒤에! not을 넣어 만들고, Be동사 '의문문'은 앞서 확인했듯이 누구의 도움도 필요 없이 슈퍼맨 'Be동사가 주어 앞으로 이동'하여 만들어진다. 이에 반해, 일반동사 '부정문'은 Be동사와는 반대로 일반동사 앞에! 일반동사 앞에! don't를 넣어 만들고, '의문문'은 주어 앞에! 주어 앞에! 영어 회화의 일등공신인 'Do'를 넣어 만든다.

	평서문	의문문	부정문
Be동사	I **am** hungry. 나는 배고프다.	**Am** I hungry? 내가 배가 고픈가요?	I **am** **not** hungry. 나는 배고프지 않다.
일반동사	You **love** me. 당신은 사랑한다. 나를	**Do** you **love** me? 당신은 사랑합니까? 나를	You **don't** **love** me. 당신은 사랑하지 않는다. 나를

6. '본동사'들의 구조 정리

본동사는 'Be동사'와 '일반동사'로 이 둘의 차이점은 계속 언급할 만큼 매우 중요하다. 의문문을 만들 때, '기능어'인 Be동사는 누구의 도움도 없이 **주어 앞**으로 자신이 이동해서 의문문을 만든다. 반면, 동사 대부분을 차지하는 '의미어'인 일반동사는 조력자 'Do동사'의 도움 없이는 기능문을 만들 수 없다. 'Be동사'는 '스스로' 만들고, 일반동사는 'Do'의 도움을 받아 기능문(의문문, 부정문 등)을 만든다는 것을 문장을 통해 다시 한 번 상기하자.

hungry [hʌŋgri] 배고픈 | love [lʌv] ~을 사랑하다

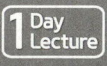

55

90분으로 만나는 다이아그램의 정수

1 Day Lecture

7

앞서 배운 다이아그램을 통해 영어문장이 만들어지는 원리를 이해했더라도 실전에서 말하고, 쓰지 못한다면 좌절모드 작동된다고!
그동안 배운 영어 '기본문장구조'에서 확장된 '의문문 구조' 다이아그램을 상기하며 문장을 직접 써보고 말해보자! Practice Makes Perfect!
'연습은 만든다. 완벽함을?' 무슨 말? 지금부터는 문장 만들기 '연습'이 우리의 영어실력을 쑥쑥 키운다는 말!
한 번 더 강조! 문장의 기본구조를 이해한 후에 우리가 할 일은 꾸준한 '영어문장 만들기' 놀이!

영상북

본 교재는 One-Day Lecture 강의 영상에서 나온 다이아그램과 문장들을 그대로 담아낸 교재 입니다.

7. 의문문 만들어 보기

One-Day Lecture

7. 의문문 만들어 보기

앞서 다이어그램을 통해 이해한 의문문, 부정문 등 보조사에 따라 문장이 만들어지는 구조적 차이를 다시 한 번 상기하며 문장을 만들어보자.

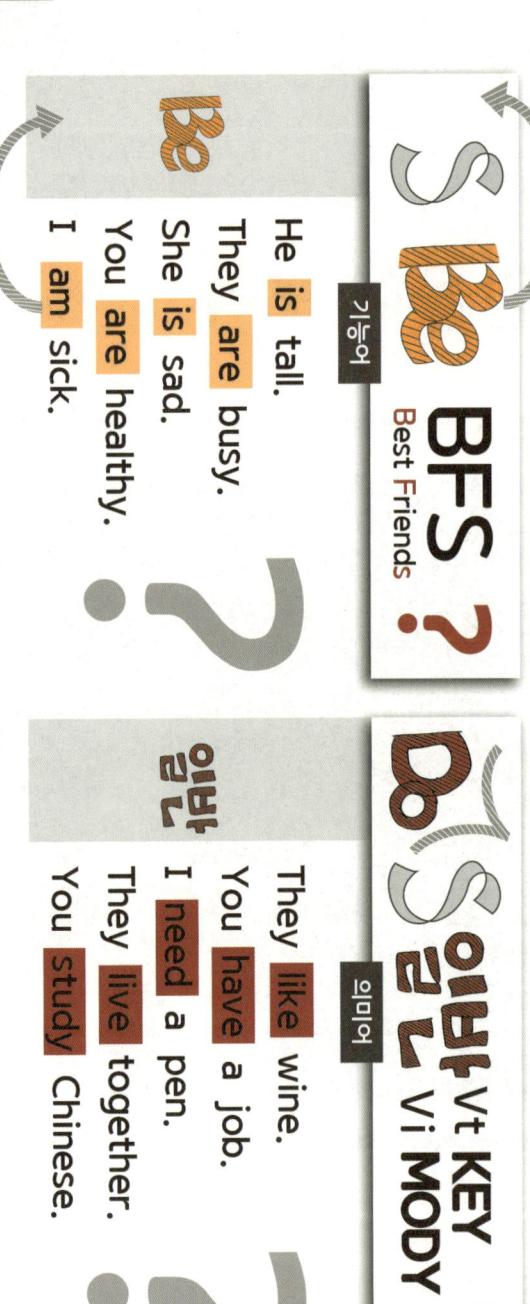

기능어
Be BFS Best Friends ?

He is tall.
They are busy.
She is sad.
You are healthy.
I am sick.

의미어
Do S 일반 Vt KEY Vi MODY ?

They like wine.
You have a job.
I need a pen.
They live together.
You study Chinese.

7. 의문문 만들어 보기

1. 본동사들의 의문문 구조 차이

본동사의 양대산맥에는 'Be동사'와 '일반동사'가 있다. 'Be동사'와 '일반동사'가 등장하는 **의문문**을 만들 때 이 둘의 구조적 차이는 명확하게 다르다. Be동사는 '슈퍼맨'으로, 일반동사는 'Do와 커플'로 뗄 수 없음을 확인했다. 'Be동사-의문문'은 누구의 도움도 필요 없이 **자신이 주어 앞**으로 이동해서 의문문을 만든다. 이와 달리, '일반동사-의문문'은 조력자 **Do동사의 도움**'을 필요로 한다. Do동사를 문두에 위치시켜 의문문을 만든다. Be동사는 자신이 혼자서! 일반동사는 Do동사의 도움으로! 의문문이 만들어짐을 꼭 기억하자!

Be동사 의문문 만들기

평서문	의문문
He **is** tall. 그는 키가 크다.	**Is** he tall? 그는 키가 큰가요?
They **are** busy. 그들은 바쁘다.	**Are** they busy? 그들은 바쁜가요?
She **is** sad. 그녀는 슬프다.	**Is** she sad? 그녀는 슬픈가요?
You **are** healthy. 당신은 건강하다.	**Are** you healthy? 당신은 건강한가요?
I **am** sick. 나는 아프다.	**Am** I sick? 나는 아픈가요?

일반동사 의문문 만들기

평서문	의문문
They **like** wine. 그들은 좋아한다. 와인을	**Do** they like wine? 그들은 좋아합니까? 와인을
You **have** a job. 당신은 가지고 있다. 직업을	**Do** you have a job? 당신은 가지고 있습니까? 직업을
I **need** a pen. 나는 필요로 한다. 한 개의 펜을	**Do** I need a pen? 나는 필요로 합니까? 한 개의 펜을
They **live** together. 그들은 산다. 함께	**Do** they live together? 그들은 삽니까? 함께
You **study** Chinese. 당신은 공부한다. 중국어를	**Do** you study Chinese? 당신은 공부합니까? 중국어를

Words

tall [tɔːl] 키가 큰 | busy [bízi] 바쁜 | sad [sæd] 슬픈 | healthy [hélθi] 건강한 | sick [sik] 아픈
like [laik] ~을 좋아하다 | have [həv] ~을 가지다 | job [dʒab] 직업 | need [niːd] ~을 필요로 하다
pen [pen] 펜 | together [təgéðər] 함께 | study [stʌ́di] ~을 공부하다 | Chinese [tʃàiníːz] 중국어

90분으로 만나는 다이아그램의 정수

1 Day Lecture

'누가?' '왜?' '언제?' '어디서 그랬는데?'
이렇게 구체적으로 물어보고 싶을 때는 어떻게 말하지?
'의문문-다이아그램'을 통해 의문문 구조를
다시 정리해보고 '구체적으로 질문'하는 방법까지
알아보는 즐거운 시간을 가져보자!
또한, 지금까지 배운 다이아그램들을 총 정리하며
뿌듯, 뿌듯해보자고!
우리 모두 Fighting! 즐거운 말~말~말~ 말 하러가자!
에너자이저 쉴라쌤과 함께!

영상북

본 교재는 One-Day Lecture 강의 영상에서 나온 다이아그램과 문장들을 그대로 담아낸 교재 입니다.

8. 누가? 왜? 언제? 그랬는데?

One-Day Lecture

8분 08초

8. 누가? 왜? 언제? 그랬는데?

지금까지 배워온 의문문 다이어그램을 한눈에 정리해 보면서, '누가(who), 언제(when), 어디서(where), 무엇을(what), 어떻게(how), 왜(why)'라는 구체적 질문을 하는 '의문사(Wh-) 의문문 만드는 방법도 함께 확인해보자!

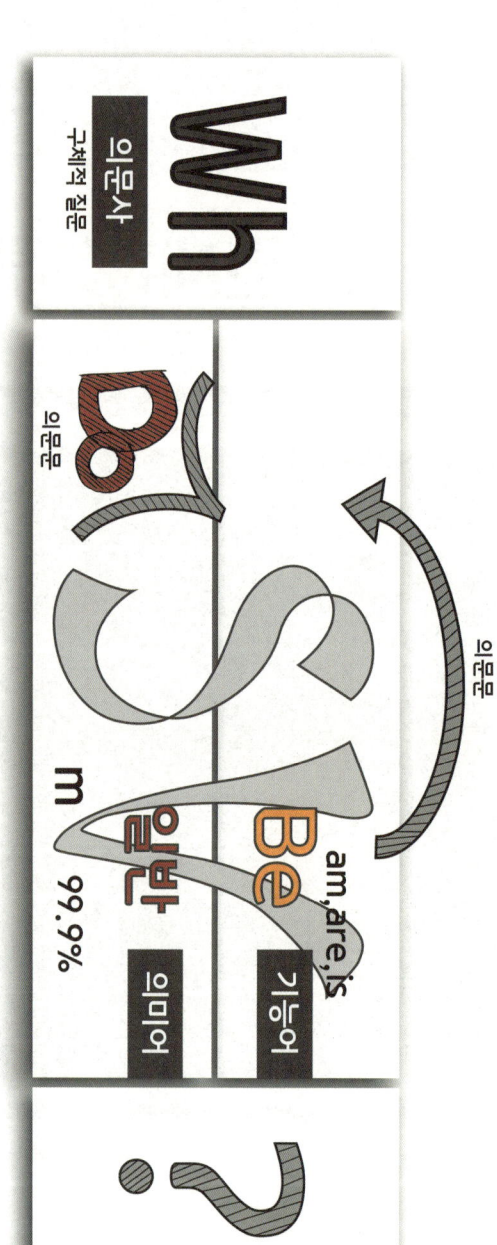

When are you free ?

You are not free.
Be동사

Do You don't have breakfast ?
일반동사

When do you have breakfast ?

1 Day Lecture

8. 누가? 왜? 언제? 그랬는데?

1. 의문문 & 부정문 다이아그램

본동사의 양대산맥인 'Be동사'와 '일반동사'의 **의문문, 부정문** 구조는 명확하게 다르다. 'Be동사-의문문'은 누구의 도움도 필요 없이 '**자신이 주어 앞**'으로 이동해서 의문문을 만들고, 'Be동사-부정문'은 Be뒤에 not을 넣어 만들었다. 이와 달리, '일반동사-의문문'은 조력자 '**Do동사**'를 문두에 위치시켜 의문문을 만들며, '일반동사-부정문'은 일반동사 앞에 don't를 넣어 부정문을 만든다. 물론, 주어가 3인칭 단수일 경우 do동사는 does로 바뀐다. 이 부분은 뒤에 준비된 워크북 (Work book)에서 자세히 확인하고, 연습해보자.

기능문	Be동사	일반동사
평서문	You **are** free. 당신은 한가하다.	You **have** breakfast. 당신은 먹는다. 아침을
부정문	You are not free. 당신은 한가하지 않습니다.	You don't have breakfast. 당신은 먹지않습니다. 아침을
의문문	Are you free? 당신은 한가한가요?	Do you have breakfast? 당신은 먹습니까? 아침을
Wh-	When are you free? 언제 당신은 한가한가요?	When do you have breakfast? 언제 당신은 먹습니까? 아침을

2. 의문사(Wh-) 의문문 구조

'당신은 울고 있나요?'라는 의문문에 조금 더 구체적 이유를 추가하여 질문하려 할 때, '당신은 왜 울고 있나요?'라고 물어볼 수 있다. 이처럼 '누가, 언제, 어디서, 왜' 등의 구체적인 질문을 하고자 할 때 '의문사(who, when, where, why 등)'를 의문문 맨 앞에 두어 '의문사+의문문'인 '**Wh-의문문**'을 간단히 만들 수 있다.

그동안 영상을 중심으로 만들어진 '영상북편'에서는 쉴라와 함께 One-day Lecture의 다이아그램을 빠르게 'Quick View(퀵 뷰)'해 보았다. 분명 학습 중 궁금한 부분이나, 부족한 부분이 있을 것이다. 혼자서 ODL을 Practice할 수 있도록 적절한 '문장'과 '관련 다이아그램들'을 '워크북(Work book)'으로 묶어 뒤에 준비해두었다. 동영상강의로 못 다한 설명들을 확인해보자. 또한, 워크북(Work book)에 준비되어있는 많은 문장을 통해 '영어 기본 말하기'와 친숙해지고, Pre-DIAGRAM을 미리 체험해 볼 수 있는 기회를 가져보자.

Words

free [fri:] 한가한 | when [hwən] 언제 | have [həv] ~을 먹다 | breakfast [brékfəst] 아침식사

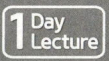

'리뷰그램'과 'DP'가 뭐지?

쉴라쌤의 무한 반복 시스템!
'리뷰그램'을 아직도 모르는구나.

Review [리뷰]
+
DIA**GRAM** [다이아그램]

Review**GRAM** [리뷰그램]

리뷰그램의 빈칸을 채우면서
'내가 잘 기억하는지' 테스트
해보면 되지.

review [rivjúː] 리뷰, 복습

그리고 하나 더!
배운 다이아그램을 활용해
영어 문장을 써보고 말해보는
시간도 가져야 해!
그것은 다이아그램 프랙티스를
[DIAGRAM   Practice]
통해 할 수 있다고!
DP도 잊지마!

리뷰그램으로 다이아그램 기억하기도 좋고
칸 채우면서 재미도 좋고! 일석이조네!

ReviewGRAM

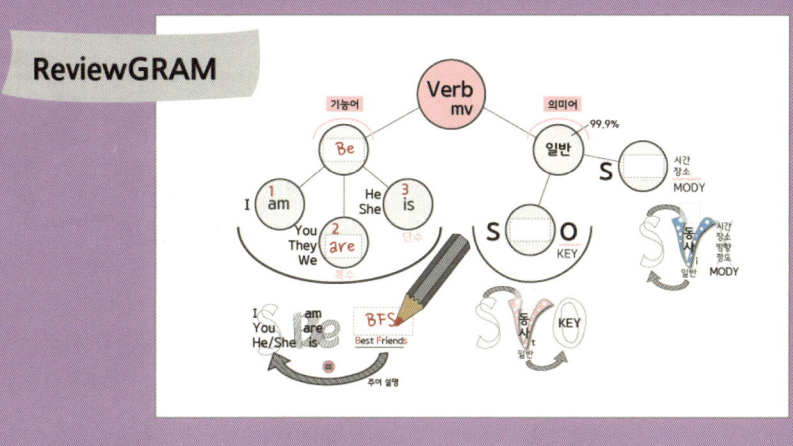

DP [DIAGRAM Practice]

'ReviewGRAM'으로
다이아그램을 다시 한번 기억해보고
'DP'로 말말말~ 해보는 시간 가져 보세요!

Review GRAM : TEST

_{1 Day Lecture}

1 Korean vs English : 동사는 어디에?

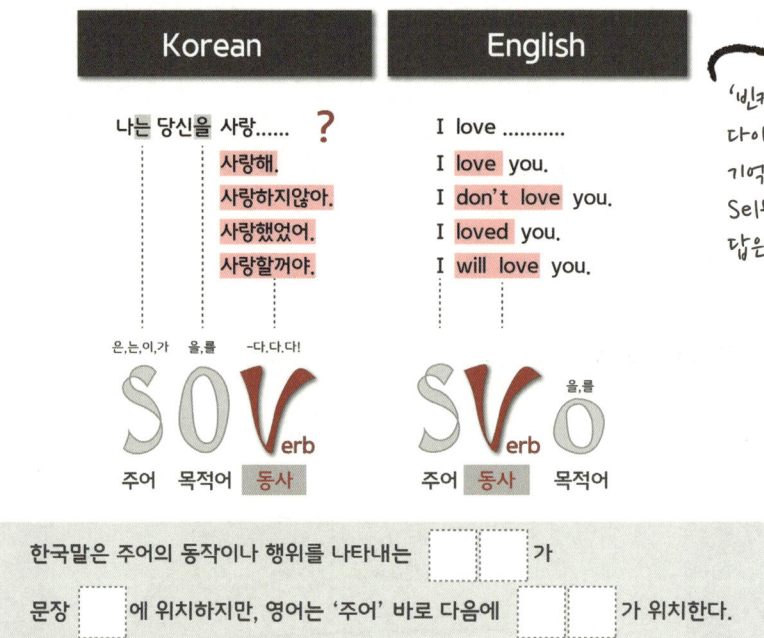

'빈칸' 채우기!
다이아그램을 모두 이해하고
기억하고 있는지
Self-Test 해보는 시간!
답은 72페이지에 있어요^^

한국말은 주어의 동작이나 행위를 나타내는 ☐☐ 가
문장 ☐ 에 위치하지만, 영어는 '주어' 바로 다음에 ☐☐ 가 위치한다.

2 동사를 끄집어낸다!

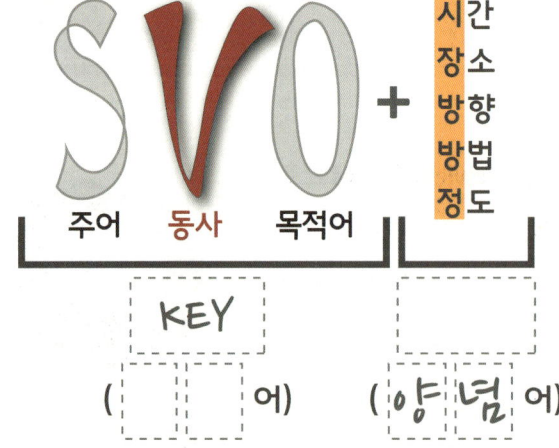

영상북
리뷰

Review GRAM : TEST

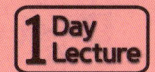

3 '본'동사의 양대산맥

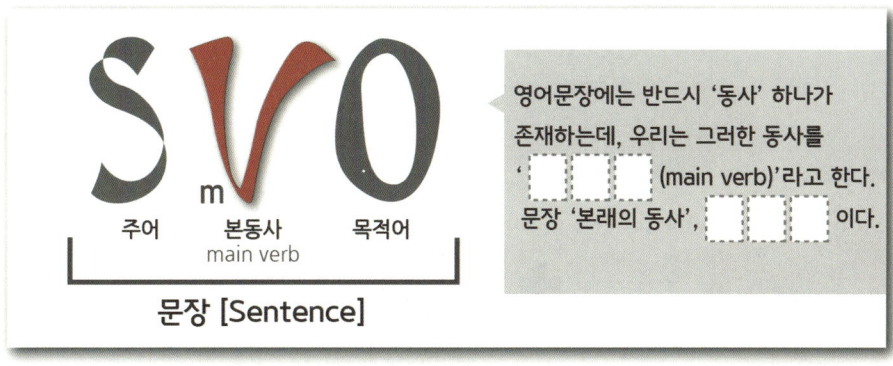

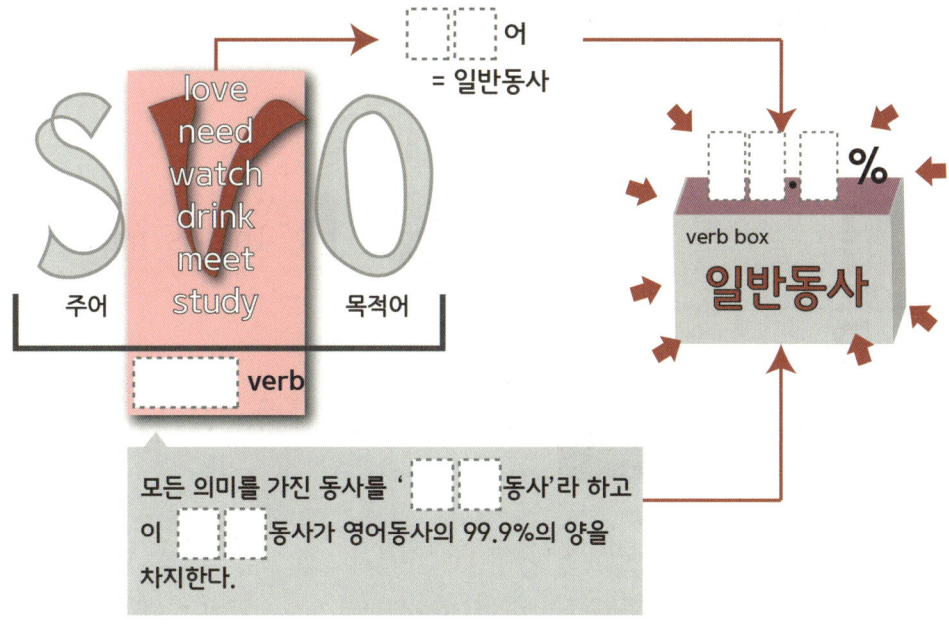

Review GRAM : TEST

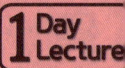

3 '본'동사의 양대산맥

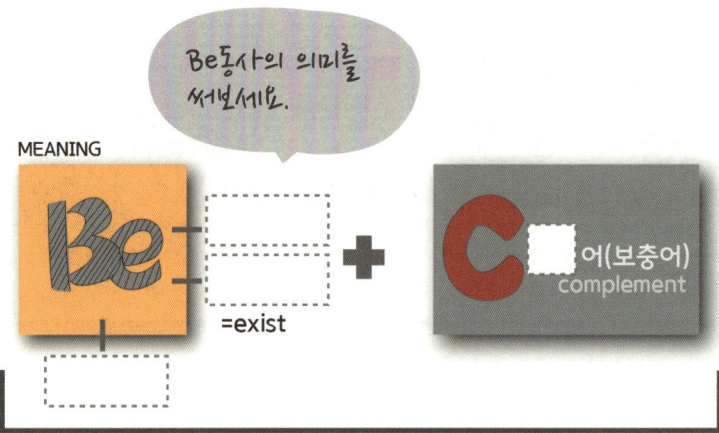

의미가 거의 없는 Be 동사는 뒤에 보충어인 ☐어와 만나 온전한 의미를 가진다.

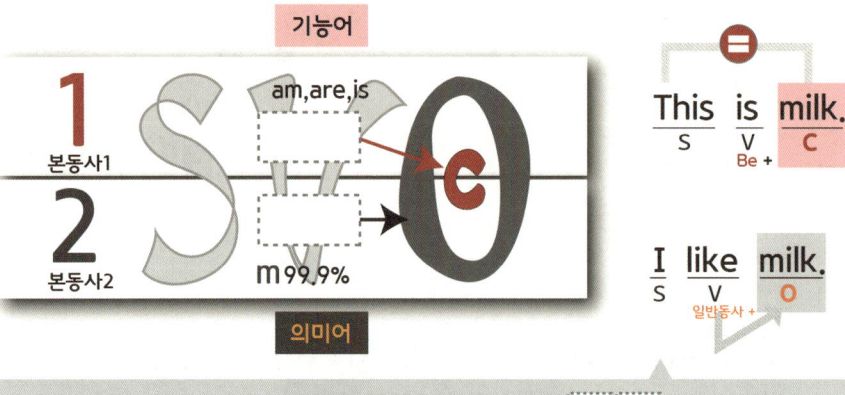

같은 명사일지라도 'milk'가 Be뒤에 오면 목적어가 아닌 '☐☐'가 된다.

가장 큰 구조적, 의미적 차이는 Be동사 뒤의 명사는 주어와 ☐☐(This = milk) 이지만,

일반동사 뒤의 명사는 주어와 동격(I ≠ milk)이 아닌, 주어 동작의 대상 '☐☐☐'이다.

Review GRAM : TEST

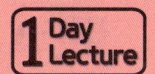

4 영어문장 기본구조

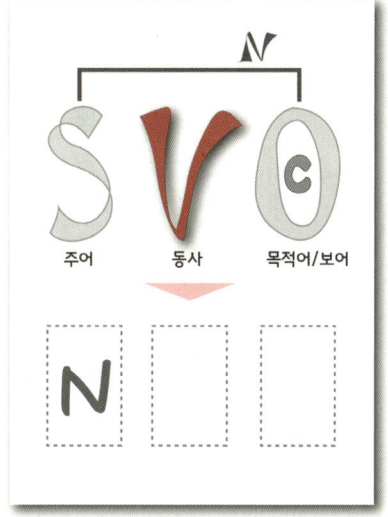

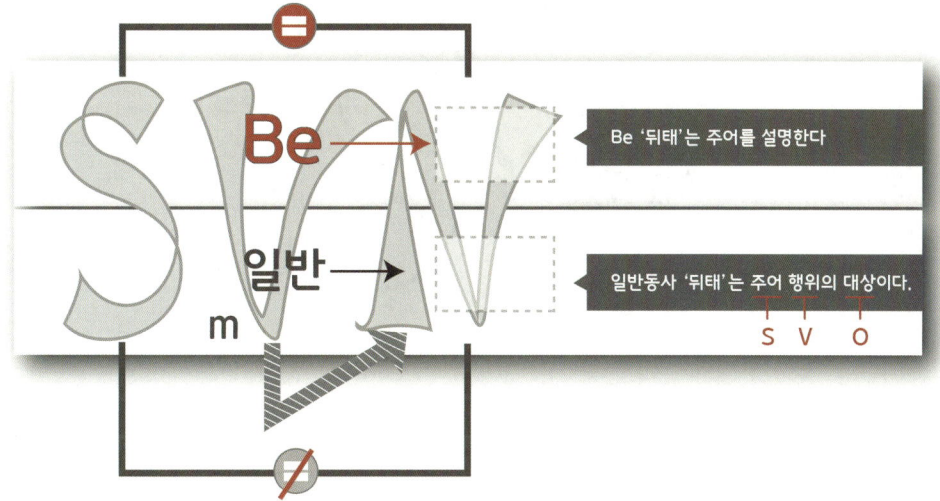

Be '뒤태'는 주어를 설명한다

일반동사 '뒤태'는 주어 행위의 대상이다.

6 동사집안들

Verb
mv
기능어
의미어
99.9%
일반
I
1인칭
am
You
They
We
2인칭
복수
He
She
3인칭
is
단수
S
타동사
Vt
+O
KEY
S
Vi
+ 시간
장소
MODY
I
You
He/She
am
are
is
Best Friends
주어 설명
동
사
t
일반
KEY
자
동
사
i
일반
시간
장소
방향
정도
MODY

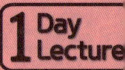

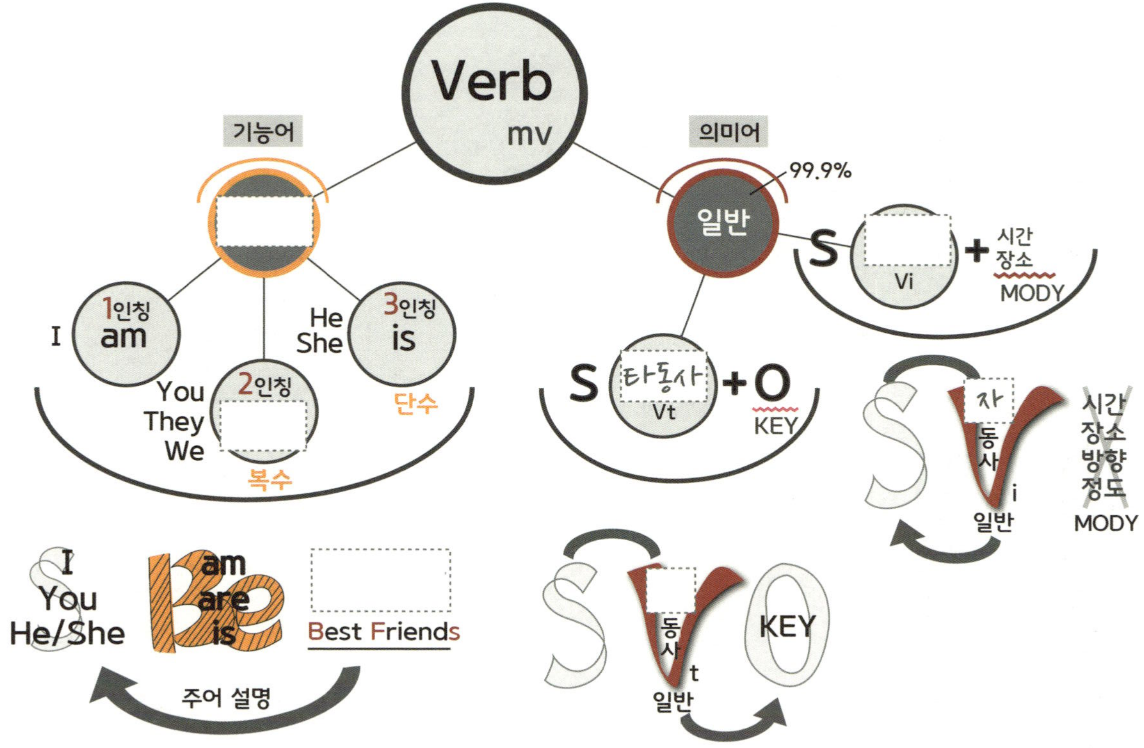

Review GRAM : TEST

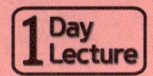

8 누가? 왜? 언제? 그랬는데?

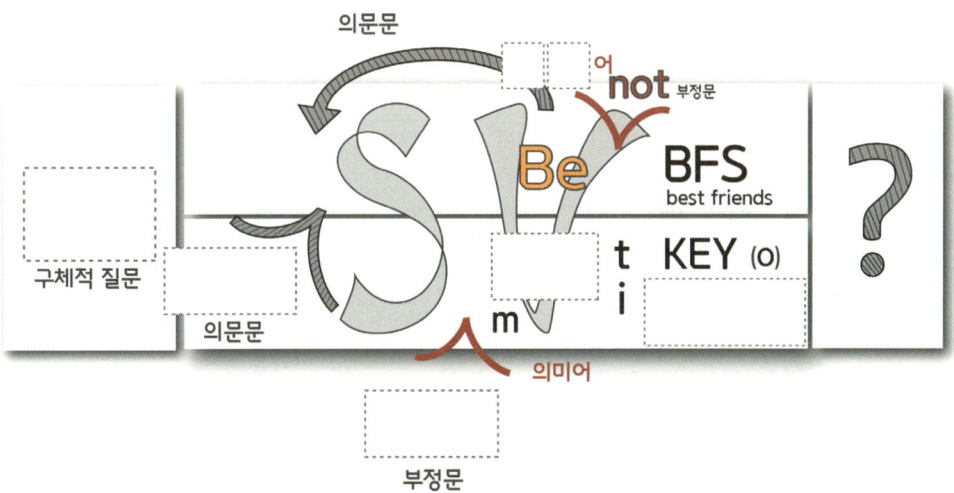

Review GRAM : Answer

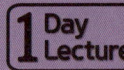

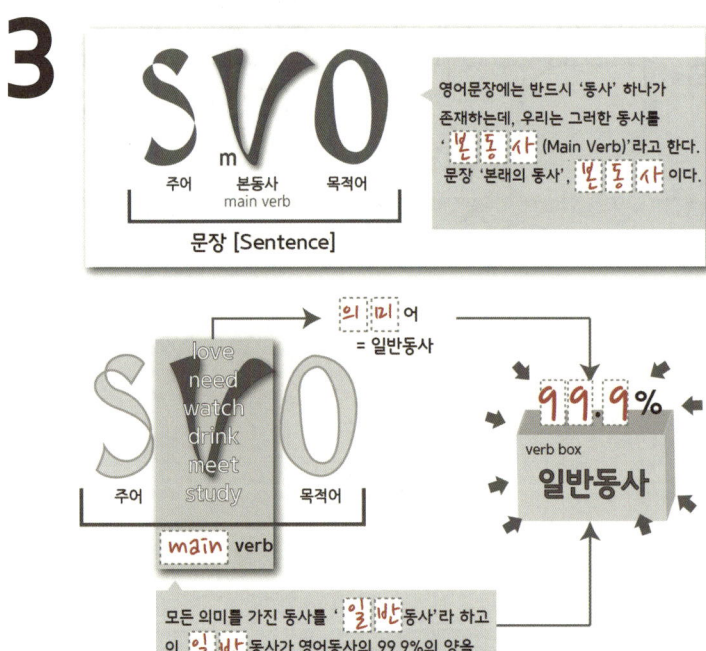

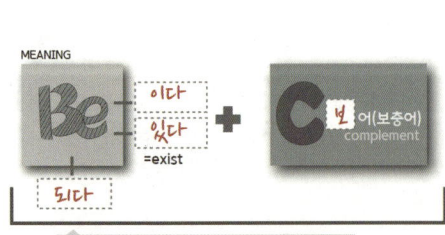
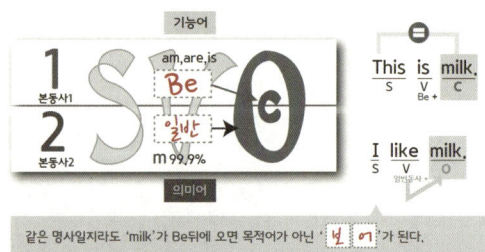

Review GRAM : Answer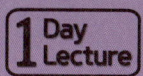

4
 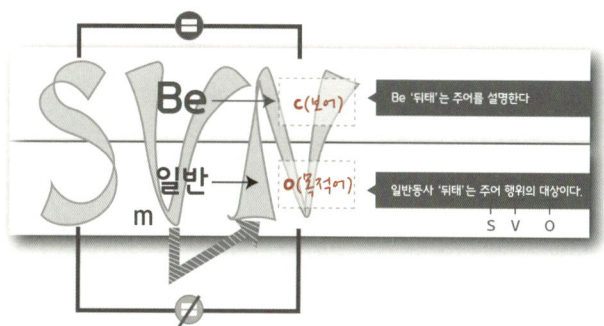

6
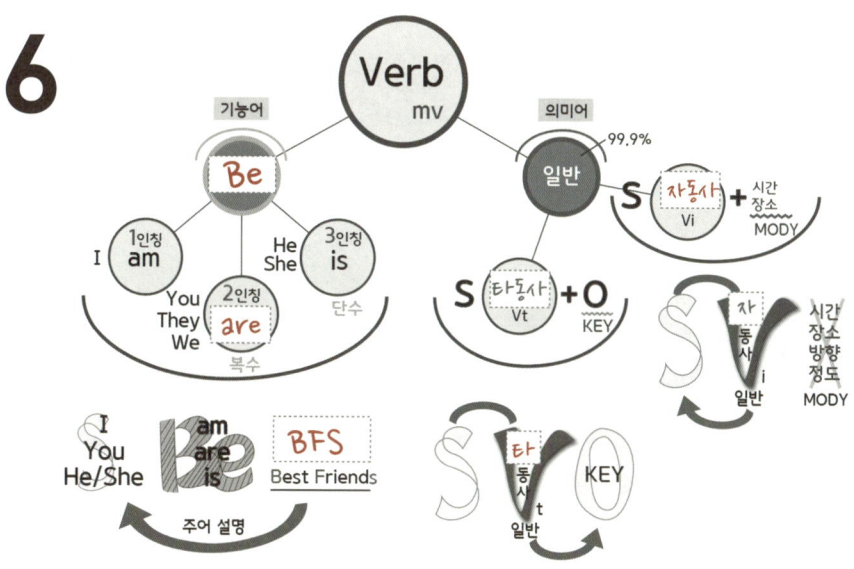

8
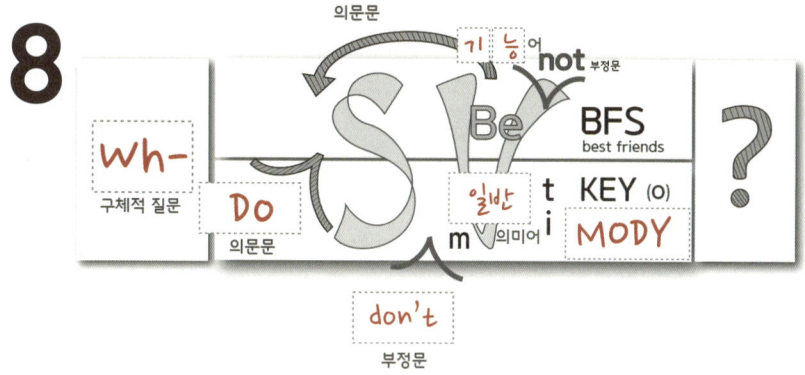

DIAGRAM Practice

힌트를 보며 써 봐요!

동영상에서 쉴라쌤과 배운 문장들을 직접 써 보세요!

> 1. 나는 / 이다. / 쉴라
> I am Sheila.

1. 나는 / 사랑한다. / 당신을
   　　　　love

　일반동사 부정문
2. 나는 / 사랑하지 않는다. / 당신을
   　　　　don't love

3. 나는 / 사랑했었다. / 당신을
   　　　　loved

4. 나는 / 사랑할거다. / 당신을
   　　　　will love

5. 나는 / 도왔다. / 그 노인을
   　　　　helped　the old man

Answer (답)

1. I love you.
2. I don't love you.
3. I loved you.
4. I will love you.
5. I helped the old man.

DIAGRAM Practice

힌트를 보며 써 봐요!

6. 우리는 / 말한다. / 영어를
   　　　　 speak 　 English

7. 나는 / 사랑한다. / 나의 가족을 / 매우 많이
   　　　 love 　　　 my family 　 so much

8. 나는 / 필요로 한다. / 돈을 / 지금 당장
   　　　 need 　　　 money 　 right now

9. 나는 / 본다. / TV를 / 매일 밤
   　　　 watch 　　 every night

10. 나는 / 마신다. / 커피를 / 아침에
    　　　 drink 　　 coffee 　 in the morning

Answer (답)

6. We speak English.
7. I love my family so much.
8. I need money right now.
9. I watch TV every night.
10. I drink coffee in the morning.

DIAGRAM Practice DP

힌트를 보며 써 봐요!

11. 나는 / 만난다. / 나의 친구를 / 매주 일요일마다
    　　　meet　　my friend　　every Sunday

12. 나는 / 공부한다. / 영어를 / 두 시간 동안
    　　　study　　English　　for two hours

13. 나는 / 먹는다. / 아침을 / 나의 아들과 함께 / 매일 아침
    　　　have　　breakfast　with my son　　every morning

14. 이것은 / 이다. / 우유
    This　　　　　milk

15. 나는 / 좋아한다. / 우유를
    　　　like　　　milk

Answer (답)

11. I meet my friend every Sunday.
12. I study English for two hours.
13. I have breakfast with my son every morning.
14. This is milk.
15. I like milk.

DIAGRAM Practice DP

힌트를 보며 써 봐요!

16. 나는 / 이다. / 의사
              a doctor

17. 나는 / 안다. / 의사를
         know   a doctor

18. 이것은 / 이다. / 컴퓨터
    This   a computer

19. 나는 / 사용한다. / 컴퓨터를
           use   a computer

20. 이분은 / 이다. / 나의 아버지
    This   my father

Answer (답)

16. I am a doctor.
17. I know a doctor.
18. This is a computer.
19. I use a computer.
20. This is my father.

DIAGRAM Practice DP

힌트를 보며 써 봐요!

21. 그녀는 / 도왔다. / 나의 아버지를
               helped   my father

22. 나는 / 예쁘다.
          pretty

Be 동사 의문문
23. 내가 / 예쁜가요?

24. 당신은 / 행복하다.
            happy

Be 동사 의문문
25. 당신은 / 행복한가요?

Answer (답)

21. She helped my father.
22. I am pretty.
23. Am I pretty?
24. You are happy.
25. Are you happy?

DIAGRAM Practice DP

힌트를 보며 써 봐요!

26. 그는 / 바쁘다.
    　　　　busy

Be 동사 의문문
27. 그는 / 바쁜가요?

28. 나는 / 안다. / 당신을
    　　　 know

일반동사 의문문
29. 내가 / 아나요? / 당신을

30. 우리는 / 필요로 한다. / 도움을
    　　　　 need　　　　 help

Answer (답)

26. He is busy.
27. Is he busy?
28. I know you.
29. Do I know you?
30. We need help.

DIAGRAM Practice DP

힌트를 보며 써 봐요!

일반동사 의문문
31. 우리는 / 필요로 합니까? / 도움을
    　　　　need　　　　 help

32. 그들은 / 산다. / 런던에
    　　　 live　　in London

일반동사 의문문
33. 그들은 / 삽니까? / 런던에

34. 나는 / 배고프다.
    　　　 hungry

Be 동사 의문문
35. 내가 / 배가 고픈가요?

Answer (답)

31. Do we need help?
32. They live in London.
33. Do they live in London?
34. I am hungry.
35. Am I hungry?

DIAGRAM Practice DP

힌트를 보며 써 봐요!

Be 동사 부정문
36. 나는 / 배고프지 않다.
    　　　hungry

37. 당신은 / 사랑한다. / 나를
    　　　　　love

일반동사 의문문
38. 당신은 / 사랑합니까? / 나를

일반동사 부정문
39. 당신은 / 사랑하지 않는다. / 나를
    　　　　　don't love

40. 그는 / 키가 크다.
    　　　tall

Answer (답)

36. I am not hungry.
37. You love me.
38. Do you love me?
39. You don't love me.
40. He is tall.

DIAGRAM Practice DP

힌트를 보며 써 봐요!

Be 동사 의문문
41. 그는 / 키가 큰가요?
    tall

42. 그들은 / 바쁘다.
    busy

Be 동사 의문문
43. 그들은 / 바쁜가요?

44. 그녀는 / 슬프다.
    sad

Be 동사 의문문
45. 그녀는 / 슬픈가요?

Answer (답)

41. Is he tall?
42. They are busy.
43. Are they busy?
44. She is sad.
45. Is she sad?

DIAGRAM Practice DP

힌트를 보며 써 봐요!

46. 당신은 / 건강하다.
　　　　　　healthy

Be 동사 의문문
47. 당신은 / 건강한가요?

48. 나는 / 아프다.
　　　　　sick

Be 동사 의문문
49. 나는 / 아픈가요?

50. 그들은 / 좋아한다. / 와인을
　　　　　　like　　　　wine

Answer (답)

46. You are healthy.
47. Are you healthy?
48. I am sick.
49. Am I sick?
50. They like wine.

DIAGRAM Practice [DP]

힌트를 보며 써 봐요!

일반동사 의문문
51. 그들은 / 좋아하나요? / 와인을
    　　　 like　　　 wine

52. 당신은 / 가지고 있다. / 직업을
    　　　 have　　　 a job

일반동사 의문문
53. 당신은 / 가지고 있나요? / 직업을

54. 나는 / 필요로한다. / 펜을
    　　　 need　　　　 a pen

일반동사 의문문
55. 나는 / 필요로하나요? / 펜을

Answer (답)

51. Do they like wine?
52. You have a job.
53. Do you have a job?
54. I need a pen.
55. Do I need a pen?

DIAGRAM Practice DP

힌트를 보며 써 봐요!

56. 그들은 / 산다. / 함께
    　　　　live　　together

57. 일반동사 의문문
    그들은 / 사나요? / 함께

58. 당신은 / 공부한다. / 중국어를
    　　　　study　　　Chinese

59. 일반동사 의문문
    당신은 / 공부하나요? / 중국어를

60. 당신은 / 한가하다.
    　　　　free

Answer (답)

56. They live together.
57. Do they live together?
58. You study Chinese.
59. Do you study Chinese?
60. You are free.

DIAGRAM Practice DP

힌트를 보며 써 봐요!

Be 동사 부정문
61. 당신은 / 한가하지 않다.
　　　　　　free

Be 동사 의문문
62. 당신은 / 한가한가요?

Wh + Be 동사 의문문
63. 언제 / 당신은 / 한가한가요?
　　 When

64. 당신은 / 먹는다. / 아침을
　　　　　have　　breakfast

일반동사 의문문
65. 당신은 / 먹지 않습니다. / 아침을
　　　　　don't have

Answer (답)

61. You are not free.
62. Are you free?
63. When are you free?
64. You have breakfast.
65. You don't have breakfast

DIAGRAM Practice DP

힌트를 보며 써 봐요!

일반동사 의문문
66. 당신은 / 먹습니까? / 아침을
    　　　have　　breakfast

Wh + 일반동사 의문문
67. 언제 / 당신은 / 먹습니까? / 아침을
    When

Answer (답)

66. Do you have breakfast?
67. When do you have breakfast?

DIAGRAM Practice DP 동시통역

힌트없이 한글을 보면서
동시통역을 해보세요~

1. 나는 / 사랑한다. / 당신을
2. 나는 / 사랑하지 않는다. / 당신을
3. 나는 / 사랑했었다. / 당신을
4. 나는 / 사랑할거다. / 당신을
5. 나는 / 도왔다. / 그 노인을
6. 우리는 / 말한다. / 영어를
7. 나는 / 사랑한다. / 나의 가족을 / 매우 많이
8. 나는 / 필요로 한다. / 돈을 / 지금 당장
9. 나는 / 본다. / TV를 / 매일 밤
10. 나는 / 마신다. / 커피를 / 아침에
11. 나는 / 만난다. / 나의 친구를 / 매주 일요일마다
12. 나는 / 공부한다. / 영어를 / 두 시간 동안
13. 나는 / 먹는다. / 아침을 / 나의 아들과 함께 / 매일 아침
14. 이것은 / 이다. / 우유
15. 나는 / 좋아한다. / 우유를
16. 나는 / 이다. / 의사
17. 나는 / 안다. / 의사를
18. 이것은 / 이다. / 컴퓨터
19. 나는 / 사용한다. / 컴퓨터를
20. 이분은 / 이다. / 나의 아버지
21. 그녀는 / 도왔다. / 나의 아버지를
22. 나는 / 예쁘다.
23. 내가 / 예쁜가요?
24. 당신은 / 행복하다.
25. 당신은 / 행복한가요?
26. 그는 / 바쁘다.
27. 그는 / 바쁜가요?
28. 나는 / 안다. / 당신을
29. 내가 / 아나요? / 당신을
30. 우리는 / 필요로 한다. / 도움을
31. 우리는 / 필요로 합니까? / 도움을
32. 그들은 / 산다. / 런던에
33. 그들은 / 삽니까? / 런던에
34. 나는 / 배고프다.
35. 내가 / 배가 고픈가요?

DIAGRAM Practice DP 동시통역

1. I love you.
2. I don't love you.
3. I loved you.
4. I will love you.
5. I helped the old man.
6. We speak English.
7. I love my family so much.
8. I need money right now.
9. I watch TV every night.
10. I drink coffee in the morning.
11. I meet my friend every Sunday.
12. I study English for two hours.
13. I have breakfast with my son every morning.
14. This is milk.
15. I like milk.
16. I am a doctor.
17. I know a doctor.
18. This is a computer.
19. I use a computer.
20. This is my father.
21. She helped my father.
22. I am pretty.
23. Am I pretty?
24. You are happy.
25. Are you happy?
26. He is busy.
27. Is he busy?
28. I know you.
29. Do I know you?
30. We need help.
31. Do we need help?
32. They live in London.
33. Do they live in London?
34. I am hungry.
35. Am I hungry?

DIAGRAM Practice DP 동시통역

힌트없이 한글을 보면서
동시통역을 해보세요~

36. 나는 / 배고프지 않다.
37. 당신은 / 사랑한다. / 나를
38. 당신은 / 사랑합니까? / 나를
39. 당신은 / 사랑하지 않는다. / 나를
40. 그는 / 키가 크다.
41. 그는 / 키가 큰가요?
42. 그들은 / 바쁘다.
43. 그들은 / 바쁜가요?
44. 그녀는 / 슬프다.
45. 그녀는 / 슬픈가요?
46. 당신은 / 건강하다.
47. 당신은 / 건강한가요?
48. 나는 / 아프다.
49. 나는 / 아픈가요?
50. 그들은 / 좋아한다. / 와인을
51. 그들은 / 좋아하나요? / 와인을
52. 당신은 / 가지고 있다. / 직업을
53. 당신은 / 가지고 있나요? / 직업을
54. 나는 / 필요로한다. / 펜을
55. 나는 / 필요로하나요? / 펜을
56. 그들은 / 산다. / 함께
57. 그들은 / 사나요? / 함께
58. 당신은 / 공부한다. / 중국어를
59. 당신은 / 공부하나요? / 중국어를
60. 당신은 / 한가하다.
61. 당신은 / 한가하지 않다.
62. 당신은 / 한가한가요?
63. 언제 / 당신은 / 한가한가요?
64. 당신은 / 먹는다. / 아침을
65. 당신은 / 먹지 않습니다. / 아침을
66. 당신은 / 먹습니까? / 아침을
67. 언제 / 당신은 / 먹습니까? / 아침을

DIAGRAM Practice DP 동시통역

36. I am not hungry.
37. You love me.
38. Do you love me?
39. You don't love me.
40. He is tall.
41. Is he tall?
42. They are busy.
43. Are they busy?
44. She is sad.
45. Is she sad?
46. You are healthy.
47. Are you healthy?
48. I am sick.
49. Am I sick?
50. They like wine.
51. Do they like wine?
52. You have a job.
53. Do you have a job?
54. I need a pen.
55. Do I need a pen?
56. They live together.
57. Do they live together?
58. You study Chinese.
59. Do you study Chinese?
60. You are free.
61. You are not free.
62. Are you free?
63. When are you free?
64. You have breakfast.
65. You don't have breakfast
66. Do you have breakfast?
67. When do you have breakfast?

One-Day Lecture

🔸 워크북에서 공부하실 관련 '다이아그램'들입니다.

1 동사는 어디에? p.94 – 107

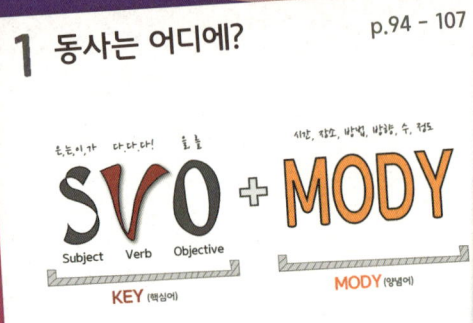

2 동사를 끄집어낸다! p.108 – 127

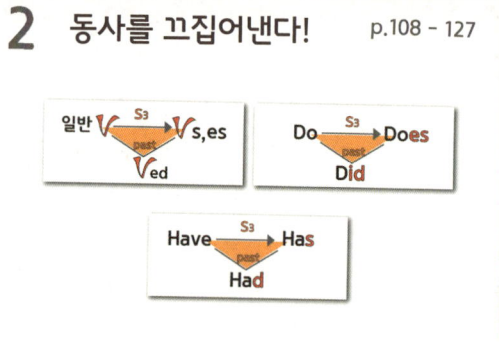

3 '본'동사의 양대산맥 p.128 – 149

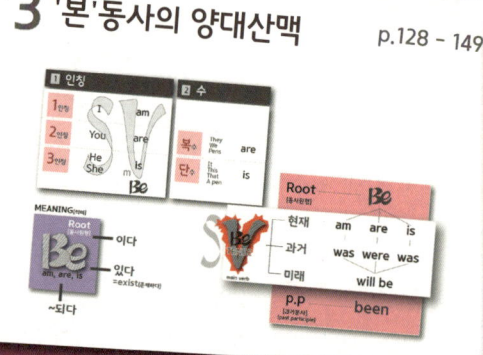

4 영어문장 기본구조 p.150 – 161

5 본동사들의 의문문 구조 p.162 – 187

6 동사 집안들 p.188 – 211

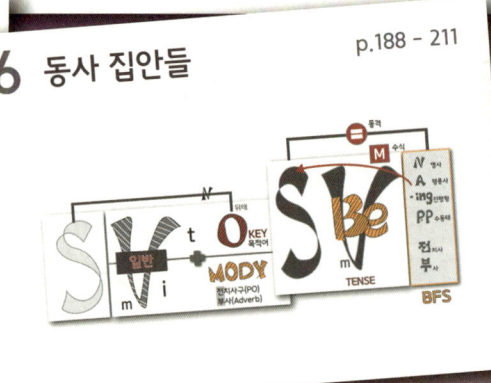

7 의문문 만들어 보기 p.212 – 237

8 누가? 왜? 언제? 그랬는데? p.238 – 281

원데이렉쳐

워크북

워크북이란 One day Lecture 강의 영상에서 다루지 못했던 다양한 다이아그램과, 그 다이아그램을 통하여 340여개가 넘는 문장들을 Self - Study[셀프 스터디] 할 수 있는 교재입니다.

1 Day Lecture

90분으로 만나는 다이아그램의 정수

1 Day Lecture

워크북

워크북이란 One day Lecture 강의 영상에서 다루지 못했던 다양한 다이아그램과, 그 다이아그램을 통하여 340여개가 넘는 문장들을 Self - Study[셀프 스터디] 할 수 있는 교재입니다.

1. Korean vs English
: 동사는 어디에?

One-Day Lecture

1

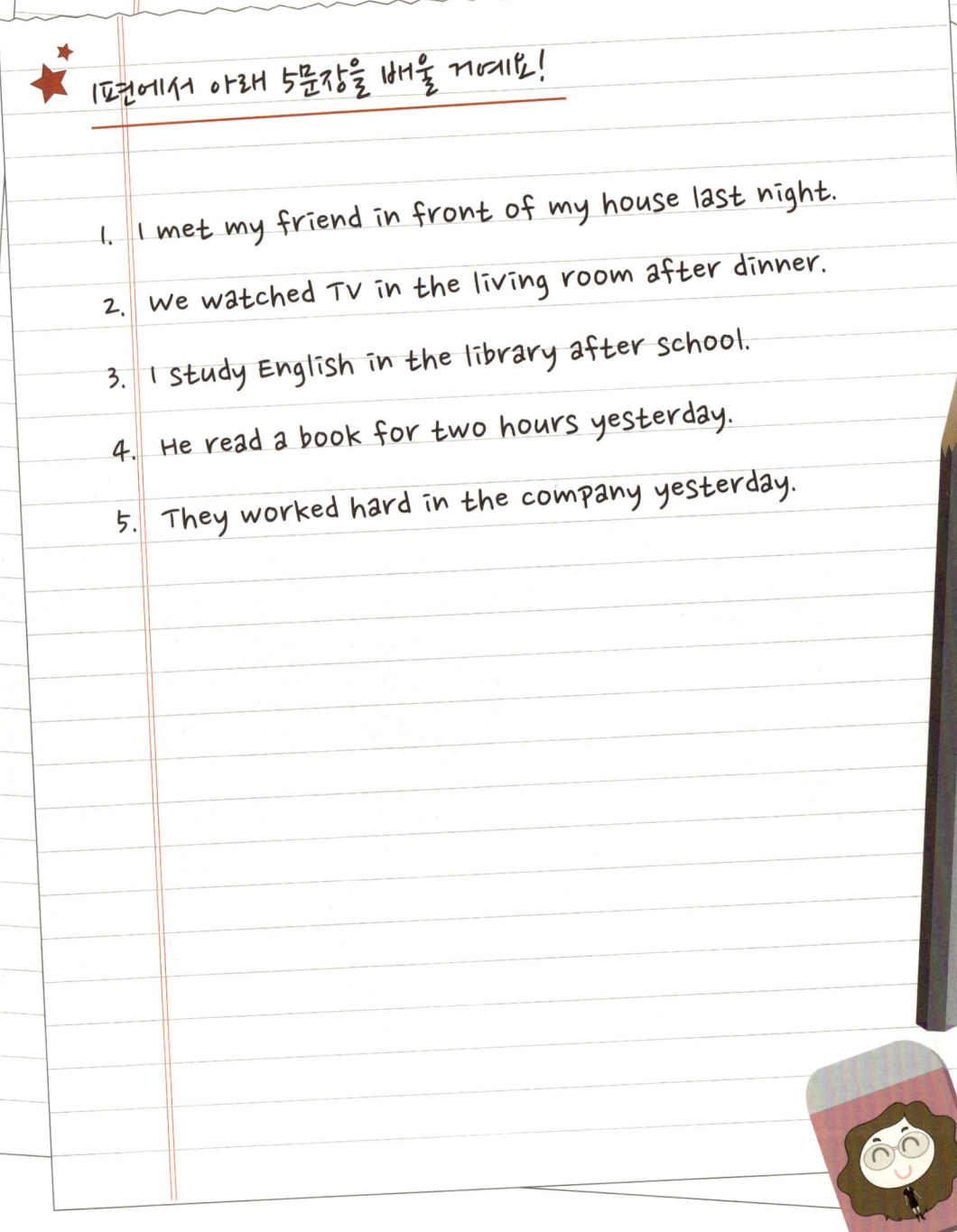

★ 1편에서 아래 5문장을 배울 거예요!

1. I met my friend in front of my house last night.
2. We watched Tv in the living room after dinner.
3. I study English in the library after school.
4. He read a book for two hours yesterday.
5. They worked hard in the company yesterday.

One Day Lecture

1. Korean vs English : 동사는 어디에?

1. 동사 찾기

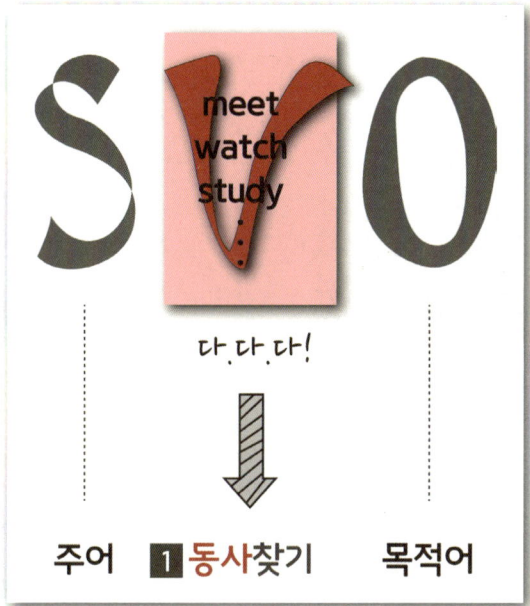

영어는 한국말과 달리 '주어'를 말하고, 동작이나 행위를 표현하는 '**동사**(Verb)'가 문장 앞부분에 등장한다. 따라서 영어를 말할 때는 문장의 '동사'가 무엇 인지를 가장 먼저 확인하는 습관을 가지자. 아무리 긴 문장일지라도 '동사 생각'을 먼저 하고, 동사를 머릿속에서 끄집어내자!

워크북 1

Mini TEST

아래의 문장들에서 '~다다다'로 끝나는 주어의 동작, 행위인 '동사'를 찾아보자.

① 나는 / 지난밤 / 나의 친구를 / 나의 집 앞에서 / 만났다.

② 우리는 / 저녁 식사 후에 / 거실에서 / TV를 / 봤다.

③ 나는 / 방과 후에 / 도서관에서 / 영어를 / 공부한다.

④ 그는 / 어제 / 두 시간 동안 / 책을 / 읽었다.

⑤ 그들은 / 어제 / 회사에서 / 열심히 / 일했다.

Answer (답)

① 만났다 ② 봤다 ③ 공부한다 ④ 읽었다 ⑤ 일했다

1. Korean vs English : 동사는 어디에?

2. '주어'와 '목적어' 찾기

문장의 주어(S)는 우리말에 '~은, 는, 이, 가'로 끝나며,
주어 행위(V)의 대상이 되는 목적어(O)는 우리말의 '~을, 를'로 끝난다.

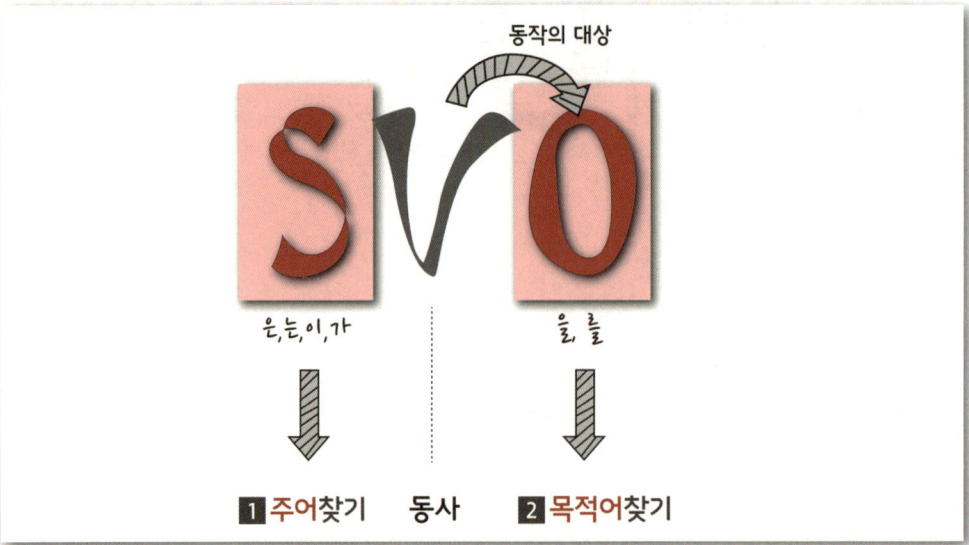

Mini TEST

아래의 문장들에서 '주어'와 '목적어'를 찾아보자.

① 나는 / 지난밤 / 나의 친구를 / 나의 집 앞에서 / 만났다.

② 우리는 / 저녁 식사 후에 / 거실에서 / TV를 / 봤다.

③ 나는 / 방과 후에 / 도서관에서 / 영어를 / 공부한다.

④ 그는 / 어제 / 두 시간 동안 / 책을 / 읽었다.

⑤ 그들은 / 어제 / 회사에서 / 열심히 / 일했다.

Answer (답)

① 주어 : 나는 / 목적어 : 나의 친구를 ② 주어 : 우리는 / 목적어 : TV를 ③ 주어 : 나는 / 목적어 : 영어를
④ 주어 : 그는 / 목적어 : 책을 ⑤ 주어 : 그들은

1. Korean vs English : 동사는 어디에?

3. 양념어, MODY찾기

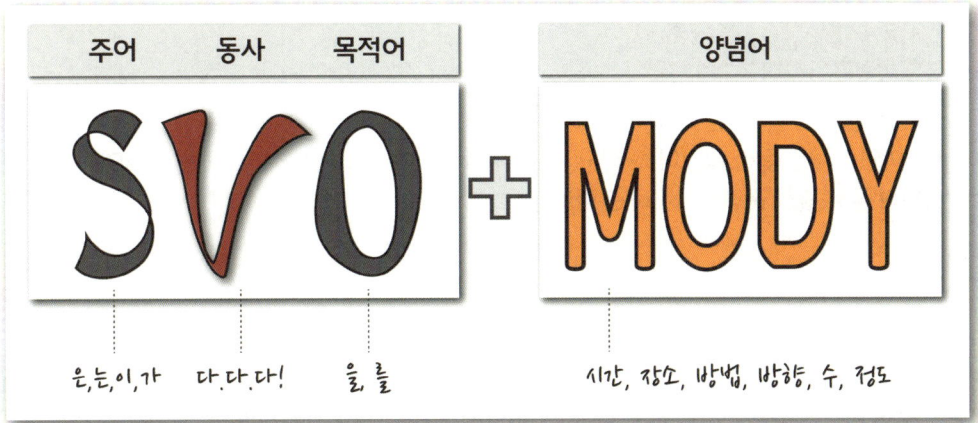

시간, 장소, 방법, 방향, 수, 정도 따위를 나타내는 친구들을 MODY, 양념어라고 한다.
문장의 핵심어인 '주어, 동사, 목적어'를 제외한 나머지 친구들이라고 생각하자.
MODY는 단어들을 연결하고, 문장을 확장하며, 문장의 의미를 풍성하게 만든다.

Mini TEST

아래의 문장들에서 시간, 장소, 방법, 방향, 수, 정도 따위를 나타내는 양념어, MODY를 찾아보자.

① 나는 / 지난밤 / 나의 친구를 / 나의 집 앞에서 / 만났다.

② 우리는 / 저녁 식사 후에 / 거실에서 / TV를 / 봤다.

③ 나는 / 방과 후에 / 도서관에서 / 영어를 / 공부한다.

④ 그는 / 어제 / 두 시간 동안 / 책을 / 읽었다.

⑤ 그들은 / 어제 / 회사에서 / 열심히 / 일했다.

Answer (답)
① 지난밤(시간), 나의 집 앞에서(장소) ② 저녁 식사 후에(시간), 거실에서(장소) ③ 방과 후에(시간), 도서관에서(장소) ④ 어제(시간), 두 시간 동안(시간) ⑤ 어제(시간), 회사에서(장소), 열심히(정도)

1. Korean vs English : 동사는 어디에?

4. 전체 문장 구조 확인하기

영어 문장을 만들기 전에 어떤 것을 '주어, 동사, 목적어'라 하는지 다시 한번 확인하며, 핵심어인 '주어, 동사, 목적어' 이외의 '시간, 장소, 방향, 정도' 등을 나타내는 'MODY'인 '양념어'들을 옆의 문장들에서 구분해보자.

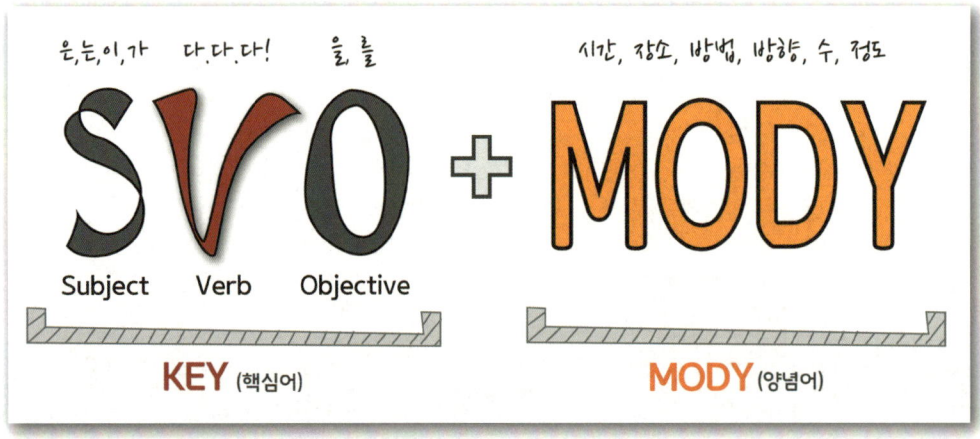

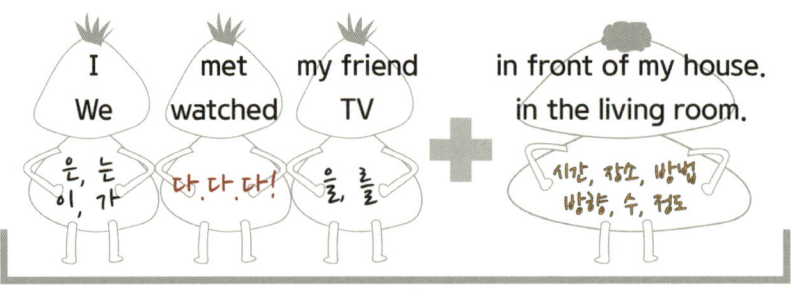

영어 기본 문장 구조

1. Korean vs English : 동사는 어디에?

Mini TEST

'주어, 목적어, 동사, 시간(M), 장소(M)'를 빈칸에 넣어주세요.

① 나는 / 지난밤 / 나의 친구를 / 나의 집 앞에서 / 만났다.
   주어   시간(M)   목적어   장소(M)   동사

② 우리는 / 저녁 식사 후에 / 거실에서 / TV를 / 봤다.

③ 나는 / 방과 후에 / 도서관에서 / 영어를 / 공부한다.

④ 그는 / 어제 / 두 시간 동안 / 책을 / 읽었다.

⑤ 그들은 / 어제 / 회사에서 / 열심히 / 일했다.
                              정도(M)

Answer (답)

① 나는 / 지난밤 / 나의 친구를 / 나의 집 앞에서 / 만났다.
  주어   시간(M)   목적어   장소(M)   동사

② 우리는 / 저녁 식사 후에 / 거실에서 / TV를 / 봤다.
   주어   시간(M)   장소(M)   목적어   동사

③ 나는 / 방과 후에 / 도서관에서 / 영어를 / 공부한다.
   주어   시간(M)   장소(M)   목적어   동사

④ 그는 / 어제 / 두 시간 동안 / 책을 / 읽었다.
   주어 시간(M)   시간(M)   목적어   동사

⑤ 그들은 / 어제 / 회사에서 / 열심히 / 일했다.
   주어   시간(M) 장소(M)   정도(M)   동사

1. Korean vs English : 동사는 어디에?

5. 영어로 문장 만들기

이제 한국말 순서를, 영어의 어순대로 순서화하여 영어문장을 만들어보자.
첫째, **주어**(S) 말하기
둘째, **동사**(V) 말하기
셋째, **목적어**(O) 말하기
넷째, '시간, 장소, 방법' 등의 **양념어**(MODY)들을 문장 뒤에 붙여나가기!

	S	V	O	MODY	MODY
①	나는	만났다	나의 친구를	나의 집 앞에서	지난밤
	I	met	my friend	in front of my house	last night.

- 'meet-**met**-met'으로 met은 meet의 '과거형'이다.
- in front of는 '~의 앞에'라는 전치사이다.

	S	V	O	MODY	MODY
②	우리는	봤다.	TV를	거실에서	저녁 식사 후에
	We	watched	TV	in the living room	after dinner.

- 'watch-**watched**-watched'로 watched는 watch의 '과거형'이다.

	S	V	O	MODY	MODY
③	나는	공부한다.	영어를	도서관에서	방과 후에
	I	study	English	in the library	after school.

- 공간을 의미하는 장소에는 'in (~안에)'을 사용한다.

1. Korean vs English : 동사는 어디에?

	S	V	O	MODY	MODY
④	그는	읽었다.	책을	두 시간 동안	어제
	He	read	a book	for two hours	yesterday.

- read-**read**-read로 read는 '동사원형-과거-과거분사'의 형태가 같으나, 발음은 서로 다르다.
  read [ri:d] - read [red] - read [red]
- 시간 표현의 전치사로 for는 '~ 동안'을 의미하며, 두 시간은 복수를 의미해 hour에 '-s'가 붙는다.

	S	V	MODY	MODY	MODY
⑤	그들은	일했다.	열심히	회사에서	어제
	They	worked	hard	in the company	yesterday.

- work-**worked**-worked로 worked는 work의 '과거형'이다.
- hard는 '열심히'라는 정도를 나타내는 부사 MODY이다.
- 동사 work는 일반적으로 목적어를 취하지 않는 '자동사'로 사용된다.
  자동사의 경우 주어의(S) 행위(V) 대상(O)이 필요한 것이 아니라,
  주어의 상태를 표현하므로, 목적어를 취하지 않는다. 참고) 53page.

Words

meet [mi:t]-met[met]-met[met] ~을 만나다 | friend [frend] 친구 | in front of [in frʌnt əv] ~ 앞에
last night [læst naɪt] 지난 밤 | watch [wɑtʃ] ~을 보다 | living room [lívɪŋ rù:m] 거실 | dinner [dínər] 저녁식사
study [stʌ́di] ~을 공부하다 | English [íŋglɪʃ] 영어 | library [láibrèri] 도서관
read[ri:d]-read[red]-read[red] ~을 읽다 | hour [auər] 시간 | yesterday [jéstərdèi] 어제
work [wə:rk] 일하다 | hard [ha:rd] 열심히 | company [kʌ́mpəni] 회사

1. Korean vs English : 동사는 어디에?

6. 영어문장은 'KEY + MODY'의 구성이다!

주어, 동사, 목적어는 문장의 핵심구조로 'KEY'요소에 해당된다. KEY를 제외한 나머지 모든 친구들을 우리는 영낭어, 즉 'MODY'라고 하는데, 이들은 '시간, 장소, 방향, 방법, 정도, 수' 등을 표현하며 문장을 풍성하게 한다.

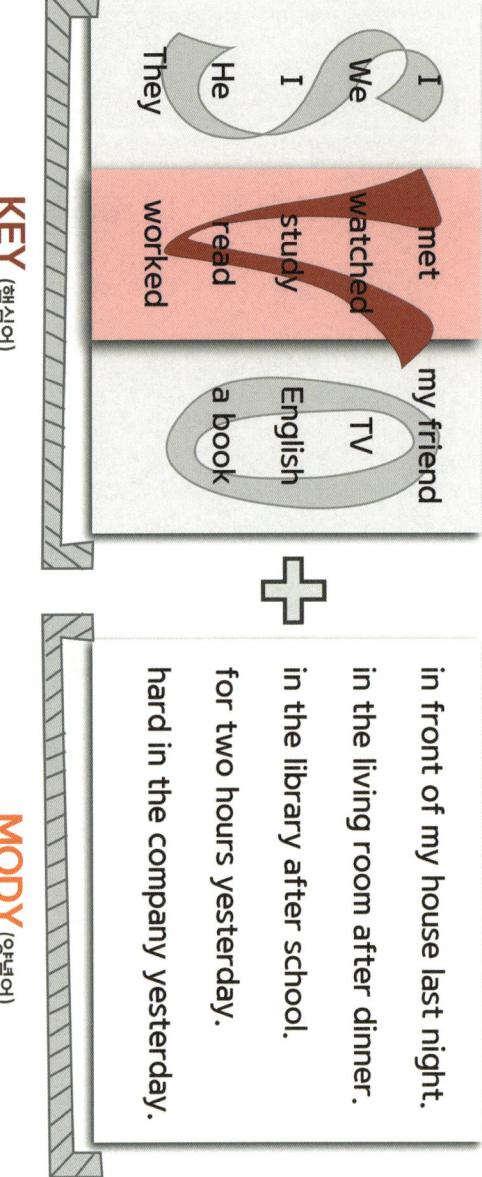

KEY (핵심어)

I / We / He / They
met / watched / study / read / worked
my friend / TV / English / a book

➕

MODY (앙낭어)

in front of my house last night.
in the living room after dinner.
in the library after school.
for two hours yesterday.
hard in the company yesterday.

DIAGRAM Practice DP

힌트를 보며 써 봐요!

워크북 1

1. 나는 만났다. / 나의 친구를 / 나의 집 앞에서 / 지난밤
   met   my friend   in front of   last night

2. 우리는 봤다. / TV를 / 거실에서 / 저녁식사 후에
   watched   in the living room   after dinner

3. 나는 공부한다. / 영어를 / 도서관에서 / 방과 후에
   study   English   in the library   after school

4. 그는 읽었다. / 책을 / 두 시간 동안 / 어제
   read   for two hours   yesterday

5. 그들은 일했다. / 열심히 / 회사에서 / 어제
   worked   hard   in the company

Answer (답)

1. I met my friend in front of my house last night.
2. We watched TV in the living room after dinner.
3. I study English in the library after school.
4. He read a book for two hours yesterday.
5. They worked hard in the company yesterday.

DIAGRAM Practice DP 동시통역

> 힌트없이 한글을 보면서 동시통역을 해보세요~

워크북 1

1. 나는 만났다. / 나의 친구를 / 나의 집 앞에서 / 지난밤

2. 우리는 봤다. / TV를 / 거실에서 / 저녁식사 후에

3. 나는 공부한다. / 영어를 / 도서관에서 / 방과 후에

4. 그는 읽었다. / 책을 / 두 시간 동안 / 어제

5. 그들은 일했다. / 열심히 / 회사에서 / 어제

I met my friend in front of my house last night.

We watched TV in the living room after dinner.

DIAGRAM Practice DP 동시통역

1. I met my friend in front of my house last night.

2. We watched TV in the living room after dinner.

3. I study English in the library after school.

4. He read a book for two hours yesterday.

5. They worked hard in the company yesterday.

2

90분으로 만나는 다이아그램의 정수

1 Day Lecture

워크북

워크북이란 One day Lecture 강의 영상에서 다루지 못했던 다양한 다이아그램과, 그 다이아그램을 통하여 340여개가 넘는 문장들을 Self - Study[셀프 스터디] 할 수 있는 교재입니다.

2. 동사를 끄집어낸다!

One-Day Lecture

2

★ 2편에서 아래 17문장을 포함해 총 31문장을 배울 거예요!

1. I clean my room once a day.
2. She cleans her room once a week.
3. We cleaned our room last night.
4. I live with my parents in London now.
5. He lives with his brothers in Seoul.
6. They lived with my cousins in Canada before.
7. I help poor people in Africa.
8. My wife helps sick old men in the hospital.
9. We helped each other.
10. I cook dinner for my kids.
11. My father cooks breakfast for me every morning.
12. My mother cooked some eggs and potatoes for my breakfast this morning.
13. I have two older sisters.
14. Sheila has one older and one younger brother.
15. I had a bad dream last night.
16. I play computer games with my friends for fun.
17. My husband plays computer games with his coworkers after work.

One Day Lecture

2. 동사를 끄집어낸다!

1. English = KEY(핵심어) + MODY(양념어)

영어문장은 KEY와 MODY로 구성된다. SVO에 해당하는 친구들은 KEY라고 하고, 나머지 친구들을 모두 모아 MODY라 간단히 구분 지어보자. 핵심요소 KEY 중에서도 영어문장이 형성되려면 반드시 있어야하는 기본요소가 바로 '**동사**'이다. 그 다음 중요한 품종(품사)은 주어와 목적어 역할을 하는 '**명사**'이다.

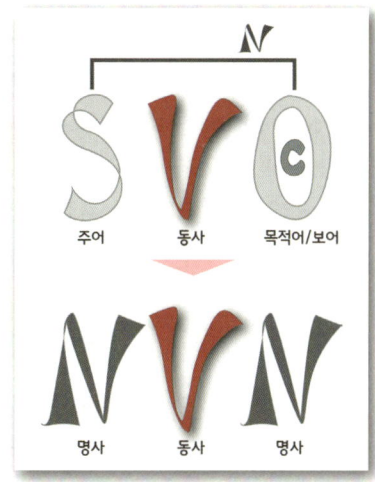

다시 말해 영어문장의 주인공들은 바로 '동사'와 '명사'라고 할 수 있다. 그 외에 '시간, 장소, 방향, 수, 정도' 등을 나타내며 KEY를 도와 문장을 풍성하게 만드는 MODY인 '형용사, 부사, 접속사, 전치사'들이 있다. 이들은 Pre-DIAGRAM에서 자세히 배워보자.

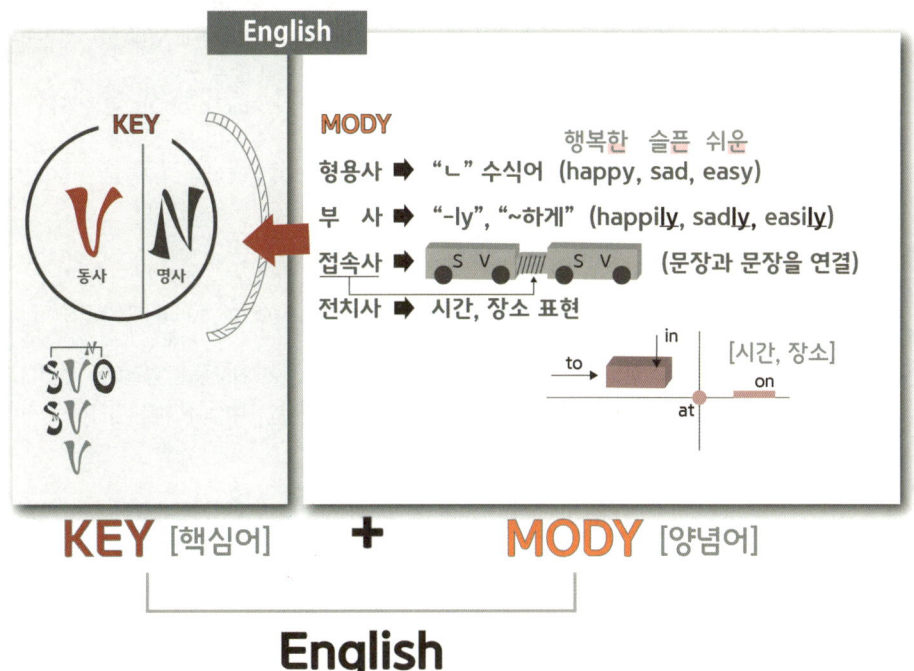

2. 동사를 끄집어낸다!

2. 단어품종(품사)들

'8품사'라고 한 번쯤은 영어공부를 하며 들어보았을 것이다. 품사란 것은 단어들의 종류, '품종'들이다. 이들은 문장속의 단어들로, '형태'나 '기능' 또는 '의미'에 따라 구분된다. 8품사에는 '① 동사 ② 명사 ③ 형용사 ④ 부사 ⑤ 접속사 ⑥ 전치사 ⑦ 대명사(명사를 대신한 명사) ⑧ 감탄사(감정, 놀라움 표현)'가 있다. 다시 말해 품사는 단어의 특징에 따라 구분된 **단어의 품종**이라 생각하자!

워크북 2

KEY / MODY	품종	뭐하는 친구들?
KEY	동사 (Verb)	움직일 '동(動)'으로 동작이나 행위를 표현하는 친구 ex) fly(날다), study(~를 공부하다), exercise(운동하다), drink(~을 마시다), live(살다)
	명사 (Noun)	이름 '명(名)'으로 모든 사물(사람, 건물, 지명 등)의 이름을 표현하며, 보이지 않는 개념의 love(사랑), peace(평화), honesty(정직), information(정보) 등도 명사에 포함된다. ex) pen, book, Seoul, Sheila, cup
MODY	형용사 (Adjective)	'명사'의 형태나 상태, 성질을 표현하는 친구로 <u>beautiful</u> woman'의 경우 명사 woman의 '상태'를 형용사 beautiful(아름다운)이 나타내고 있다. 즉, 형용사는 명사의 수식을 위해 존재하는 우리말의 'ㄴ' 수식어라 할 수 있다. ex) '<u>tall</u>' boy(키 큰 소년), '<u>expensive</u>' car(비싼 차), '<u>big</u>' problem(큰 문제)
	부사 (Adverb)	다른 단어의 뜻을 '명확'하게 하거나, '자세하게' 표현해주는 친구들로 '정도(매우, 아주 많이)'를 표현하거나, 빈도, 강조, 시간, 장소 등의 표현을 한다. ex) He is '<u>very</u>' happy. (매우) I '<u>always</u>' study English. (항상) I run '<u>fast</u>.'(빠르게), I love you '<u>so much</u>'. (정말로, 너무나) They work '<u>hard</u>'. (열심히), '<u>Sometimes</u>', I go to church. (때때로)
	접속사 (Conjunction)	명사와 명사, 또는 '절(SV)과 절(SV)' 등의 두 가지 친구들을 연결하는 연결어로 문장에 동사가 두 개일 경우 반드시 두 개의 동사를 연결하는 접속사가 하나 필요하다. ex) bread '<u>and</u>' butter (빵과 버터) This is cheap, '<u>but</u>' it's not delicious. 이것은 싸다, '<u>그러나</u>' 맛이 있지는 않다.
	전치사 (Preposition)	명사 앞에 등장해 주로 '시간과 장소'따위를 표현한다. ex) '<u>in</u>' the room (방안에), '<u>at</u>' the office (사무실에), '<u>on</u>' the street (거리 위에)

2. 동사를 끄집어낸다!

3. 인칭이란?

인칭이란 사람을 일컫는 단위로 1인칭, 2인칭, 3인칭으로 분류된다. 1인칭은 '나'를 의미하고, 2인칭은 '당신'을 의미하며, 3인칭은 '나와 당신'을 제외한 '그, 그녀'를 의미한다. 이러한 인칭 구분은 영어에서 매우 중요하다. 그 이유는 '주어'가 '**3인칭 단수**'이고, '동사의 시제'가 '**현재**'일 경우 동사에 '**-s, es**'를 붙이는 규칙이 있기 때문이다. 예를 들어 주어가 I 일 경우 'I **love** you.' 이지만, 주어가 He나 She일 경우에는 'She **loves** you. / He **loves** you.'로 동사 love의 형태가 바뀌어 사용된다.

인칭 \ 수	단수	복수
1	I	We
2	You	You
3	She, He	They

① 주어가 '3인칭, 단수' 이고,
② 동사의 시제가 '현재'일 때, 동사에 **-s /es**를 붙인다!

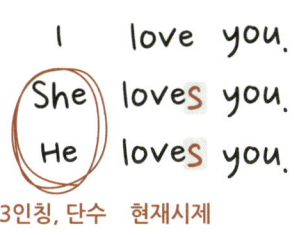

3인칭, 단수 현재시제

She, He 주어가 등장하니까 love가 loves로 바뀌네!

2. 동사를 끄집어낸다!

4. 3인칭 규칙 : 주어(3인칭 단수) + 동사(현재시제)

주어가 He, She, My mother(=She), Bob(=He), Sheila(=She) 등의 '**3인칭 단수**'이고, 동사가 '**현재**시제'일 때, 일반동사에 '**-s, es**'를 붙이는 규칙에 익숙해지자! 조건은 딱 두 가지이다. **첫째**, 주어가 3인칭+단수이고, **둘째**, 동사의 시제가 '현재'시제일 경우에만 해당한다. 한국말에 없는 규칙으로 한국인이 가장 많이 하는 실수 중의 하나이다. 옆의 문장들을 통해서 주어가 까칠한 배우들인 'He와 She'일 때, 그리고 그들이 등장하는 시제가 '현재'일 때, 동사에 '-s, -es'를 붙이는 것을 꼼꼼히 확인해보자! 단! 동사의 시제가 '**과거**'일 때는 주어의 인칭에 상관없이 1, 2, 3인칭 모두 다 '**똑같이**' 동사에 '**- ed**'를 붙인다.

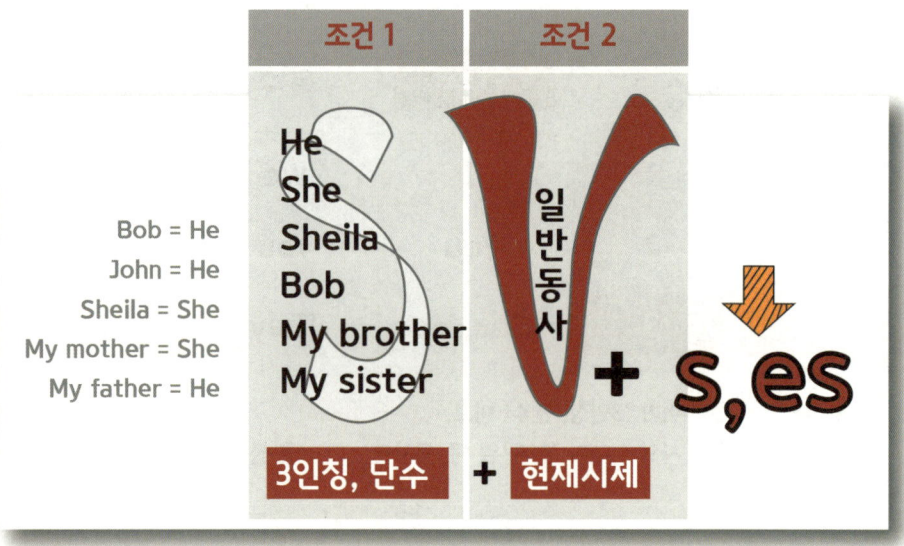

Words

help [help] ~을 돕다 | poor [puər] 가난한 | people [píːpl] person(사람)의 복수 | wife [waif] 아내
sick [sik] 아픈 | old [ould] 늙은 | men [men] man(사람, 남자)의 복수 | hospital [háspitl] 병원
each other [iːtʃ ʌðər] 서로 | cook [kuk] ~을 요리하다 | dinner [dínər] 저녁식사 | kid [kid] 아이
father [fɑ́ːðər] 아빠 | breakfast [brékfəst] 아침 | every morning [évri mɔ́ːrniŋ] 매일 아침 | some [səm] 약간
egg [eg] 달걀 | potato [pətéitou] 감자 | this morning [ðis mɔ́ːrniŋ] 오늘 아침 | clean [kliːn] ~을 청소하다
room [ruːm] 방 | once [wʌns] 한 번 | day [dei] 하루 | week [wiːk] 일주일 | last night [læst nait] 지난 밤

Practice Makes Perfect 연습이 만든다. 완벽함을

[PMP] One Day Lecture

| 1인칭 현재 | I **help** poor people in Africa.
나는 돕는다. 가난한 사람들을, 아프리카에서 |

| 3인칭 현재 | My wife **helps** sick old men in the hospital.
나의 아내는 돕는다. 아픈 늙은 사람들을, 병원에서 |

| 과거 시제 | We **helped** each other.
우리는 도왔다. 서로를 |

> '~했다'라는 과거시제를 쓰고 싶다면
> 일반 V에 -ed 붙인다. → Ved

| 1인칭 현재 | I **cook** dinner for my kids.
나는 요리한다. 저녁을, 나의 아이들을 위해서 |

| 3인칭 현재 | My father **cooks** breakfast for me every morning.
나의 아빠는 요리한다. 아침을, 나를 위해서, 매일 아침 |

| 과거 시제 | My mother **cooked** some eggs and potatoes for my breakfast this morning.
나의 엄마는 요리했다. 약간의 달걀들과 감자들을, 나의 아침을 위해서, 오늘 아침 |

| 1인칭 현재 | I **clean** my room once a day.
나는 청소한다. 나의 방을, 한 번, 하루에 |

| 3인칭 현재 | She **cleans** her room once a week.
그녀는 청소한다. 그녀의 방을, 한 번, 일주일에 |

| 과거 시제 | We **cleaned** our room last night.
우리는 청소했다. 우리의 방을, 지난밤에 |

워크북 2

Practice Makes Perfect 연습이 만든다. 완벽함을

PMP

One Day Lecture

워크북 2

1인칭 현재
I **play** computer games with my friends for fun.
나는 한다. 컴퓨터 게임들을, 나의 친구들과, 즐거움을 위해서

3인칭 현재
My husband **plays** computer games with his coworkers after work.
나의 남편은 한다. 컴퓨터 게임들을, 그의 동료들과 함께, 퇴근 후에

과거 시제
I **played** badminton with my neighbors in the park.
나는 쳤다. 배드민턴을, 나의 이웃들과, 공원에서

1인칭 현재
I **exercise** four times a week.
나는 운동한다. 네 번, 일주일에

3인칭 현재
My aunt **exercises** in the fitness center in the early morning.
나의 고모는 운동한다. 피트니스 센터에서, 이른 아침에

과거 시제
I **exercised** in the gym for an hour yesterday.
나는 운동했다. 체육관에서, 한 시간 동안, 어제

1인칭 현재
I **climb** the mountain every morning for my health.
나는 오른다. (그) 산을, 매일 아침, 나의 건강을 위해서

3인칭 현재
Bob **climbs** stairs instead of taking an elevator for health.
Bob은 오른다. 계단을, 대신에, 타는 것을, 엘리베이터를, 건강을 위해서

과거 시제
We **climbed** to the top of the mountain yesterday morning.
우리는 올라갔다. 정상까지, (그) 산의, 어제 아침에

Words

play a computer game [plei ə kəmpjúːtər geim] 컴퓨터 게임을 하다 | fun [fʌn] 즐거움
husband [hʌzbənd] 남편 | coworker [kóuwəːrkər] 동료 | after work [ǽftər wəːrk] 퇴근 후
play badminton [plei bǽdmintn] 배드민턴을 치다 | neighbor [néibər] 이웃 | park [paːrk] 공원
exercise [éksərsàiz] 운동하다 | four times [fɔːr taimz] 4번 | week [wiːk] 일주일 | aunt [ænt] 고모
fitness center [fítnis séntər] 피트니스 센터 | early [ə́ːrli] 이른 | gym [dʒim] 체육관 | hour [auər] 시간
yesterday [jéstərdèi] 어제 | climb [klaim] 오르다 | mountain [máuntən] 산 | health [helθ] 건강
stair [stɛər] 계단 | instead of [instéd əv] ~대신에 | take [teik] ~을 타다
elevator [éləvèitər] 엘리베이터 | top [tap] 정상

Practice Makes Perfect 연습이 만든다. 완벽함을

PMP One Day Lecture

1인칭 현재	I **take** a walk with my dog after dinner.
	나는 산책한다. 나의 강아지와, 저녁식사 후에

3인칭 현재	She **takes** a walk with her puppy in the evening.
	그녀는 산책한다. 그녀의 강아지와, 밤에

과거 시제	They **took** a walk in the park near his house.
	그들은 산책했다. 공원에서, 그의 집 근처의

> take는 동사의 형태가
> 불규칙하게 변하는 '불규칙' 동사라
> 과거시제가 ~~taked~~가 아니라 took입니다.

1인칭 현재	I **take** a bus to my work every day.
	나는 탄다. 버스를, 나의 회사까지, 매일

3인칭 현재	He **takes** a taxi all the time.
	그는 탄다. 택시를, 항상

3인칭 현재	It **takes** twenty minutes from here to his house.
	(시간이) 걸린다. 20분이, 여기에서, 그의 집까지

과거 시제	We **took** the subway during rush hour.
	우리는 탔다. 지하철을, 러시아워에 (=혼잡한 시간에)

주어가 3인칭, 단수   동사가 현재 시제일 때   동사에 s,es를 붙인다.

Words

take a walk [teik ə; wɔːk] 산책하다 | dog [dɔːg] 개 | after [æftər] 후에 | dinner [dínər] 저녁식사
puppy [pʌpi] 강아지 | near [niər] 근처 | take [teik] ~을 타다 | bus [bʌs] 버스 | all the time [ɔːl ðə taim] 항상
from [frəm] ~에서 | here [hiər] 여기 | subway [sʌbwèi] 지하철 | during [djúəriŋ] ~동안
rush hour [rʌʃ auər] 혼잡한 시간

2. 동사를 끄집어낸다!

5. 삼각대

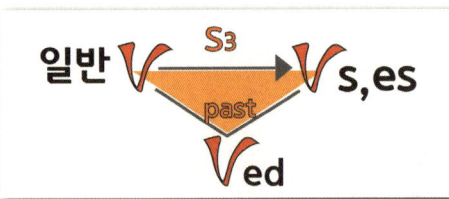

일반동사는
① 주어가 '3인칭, 단수'이고,
② 동사의 시제가 '현재'일 때 일반동사에 '-s / -es'를 붙인다.

Do동사는
주어가 '3인칭, 단수'이고, 동사의 시제가 '현재'일 경우에는 'does'로 사용되고, 과거시제는 인칭에 상관없이 1, 2, 3인칭 모두 'did'로 사용된다.

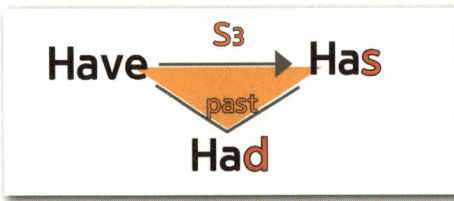

Have동사는
주어가 '3인칭, 단수'이고, 동사의 시제가 '현재'일 경우에는 'has'로 사용되고, 과거시제는 인칭에 상관없이 1, 2, 3인칭 모두가 'had'로 사용된다.

주어가 '3인칭 단수'이고, **동사**가 '현재 시제'일 때 동사의 변형형태를 '**삼각대**'로 그려보자. 시제가 '현재(+Present TENSE)'일 경우에만, 동사 형태가 바뀐다. 다행히도 '과거'시제는 인칭과 관계없이 1, 2, 3인칭 모두가 동일한 '기본 형태'를 가진다. 즉, 우리가 주의해야 할 시제는 '**현재**'시제이다!

Practice Makes Perfect 연습이 만든다. 완벽함을

PMP   One Day Lecture

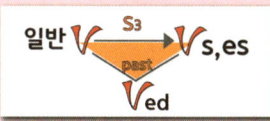

1인칭 현재
I **live** with my parents in London now.
나는 산다. 나의 부모님들과, 런던에서, 지금

3인칭 현재
He **lives** with his brothers in Seoul.
그는 산다. 그의 형제들과, 서울에서

과거 시제
They **lived** with my cousins in Canada before.
그들은 살았다. 나의 사촌들과, 캐나다에서, 이전에

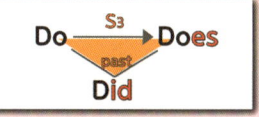

1인칭 현재
I **do** my homework.
나는 한다. 나의 숙제를

3인칭 현재
My son **does** his homework.
나의 아들은 한다. 그의 숙제를

과거 시제
She **did** her homework this morning.
그녀는 했다. 그녀의 숙제를, 오늘 아침

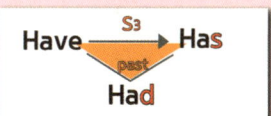

1인칭 현재
I **have** two older sisters.
나는 가지고 있다. 두 명의 언니들을

3인칭 현재
Sheila **has** one older and one younger brother.
Sheila는 가지고 있다. 한 명의 오빠와 한 명의 남동생을

과거 시제
I **had** a bad dream last night.
나는 가졌다.(=꿨다) 나쁜 꿈을, 지난밤에

Words

live [liv] 살다 | parent [péərənt] 부모 | now [nau] 지금 | brother [brʌ́ðər] 형제 | cousin [kʌzn] 사촌
before [bifɔ́ːr] 이전에 | do [du] ~을 하다 | homework [hóumwəːrk] 숙제 | son [sʌn] 아들
this morning [ðis mɔ́ːrniŋ] 오늘 아침 | older [óuldər] 연상의 | sister [sístər] 언니, 여동생
younger [jʌ́ŋgər] 연하의 | bad [bæd] 나쁜 | dream [driːm] 꿈 | last night [læst nait] 지난 밤

DIAGRAM Practice DP

힌트를 보며 써 봐요!

1. 나는 / 청소한다. / 나의 방을 / 한 번 / 하루에
             clean   my room   once   a day

2. ³인칭 답추 그녀는 / 청소한다. / 그녀의 방을 / 한 번 / 일주일에
                     clean   her room   a week

3. 우리는 / 청소했다. / 우리의 방을 / 지난밤에
           cleaned   our room   last night

4. 나는 / 산다. / 나의 부모님들과 / 런던에서 / 지금
         live   with my parents   in London   now

5. ³인칭 답추 그는 / 산다. / 그의 형제들과 / 서울에서
                 live   with his brothers   in Seoul

Answer (답)

1. I clean my room once a day.
2. She <u>cleans</u> her room once a week.
3. We <u>cleaned</u> our room last night.
4. I live with my parents in London now.
5. He <u>lives</u> with his brothers in Seoul.

DIAGRAM Practice `DP`

힌트를 보며 써 봐요!

6. 그들은 / **살았다.** / 나의 사촌들과 / 캐나다에서 / 이전에
   　　　　 lived　　 with my cousins　in Canada　 before

7. 나는 / 돕는다. / 가난한 사람들을 / 아프리카에서
   　　　 help　　 poor people　　　 in Africa

8. ³인칭 나의 아내는 / **돕는다.** / 아픈 늙은 사람들을 / 병원에서
   　　　 My wife　　　　　　　　 sick old men　　　　 in the hospital

9. 우리는 / **도왔다.** / 서로를
   　　　　 helped　　 each other

10. 나는 / 요리한다. / 저녁을 / 나의 아이들을 위해서
    　　　 cook　　　 dinner　 for my kids

Answer (답)

6. They <u>lived</u> with my cousins in Canada before.
7. I help poor people in Africa.
8. My wife <u>helps</u> sick old men in the hospital.
9. We <u>helped</u> each other.
10. I cook dinner for my kids.

DIAGRAM Practice DP

힌트를 보며 써 봐요!

11. 3인칭 나의 아빠는 / 요리한다. / 아침을 / 나를 위해서 / 매일 아침
    My father   cook   breakfast for me   every morning

12. 나의 엄마는 / 요리했다. / 약간의 달걀들과 감자들을 / 나의 아침을 위해서 / 오늘 아침
    My mother   some eggs and potatoes   for   this morning

13. 나는 / 한다. / 컴퓨터 게임들을 / 나의 친구들과 / 즐거움을 위해서
    play   computer games   with my friends   for fun

14. 3인칭 나의 남편은 / 한다. / 컴퓨터 게임들을 / 그의 동료들과 함께 / 퇴근 후에
    My husband   with his coworkers   after work

15. 나는 / 쳤다. / 배드민턴을 / 나의 이웃들과 / 공원에서
    played badminton   with my neighbors in the park

Answer (답)

11. My father <u>cooks</u> breakfast for me every morning.
12. My mother <u>cooked</u> some eggs and potatoes for my breakfast this morning.
13. I play computer games with my friends for fun.
14. My husband <u>plays</u> computer games with his coworkers after work.
15. I <u>played</u> badminton with my neighbors in the park.

DIAGRAM Practice DP

힌트를 보며 써 봐요!

16. 나는 / 운동한다. / 네 번 / 일주일에
    　　　exercise　　four times a week

17. ³인칭 나의 고모는 / 운동한다. / 피트니스 센터에서 / 이른 아침에
    　　　　　aunt　　　　　　　　in the fitness center　　in the early morning

18. 나는 / 운동했다. / 체육관에서 / 한 시간 동안 / 어제
    　　　　　　　　　in the gym　　for an hour　　yesterday

19. 나는 / 오른다. / (그) 산을 / 매일 아침 / 나의 건강을 위해서
    　　　climb　　the mountain　every morning　for my health

20. ³인칭 Bob은 / 오른다. / 계단을 / 대신에 / 타는 것을 / 엘리베이터를 / 건강을 위해서
    　　　　　　　　　stairs　　instead of taking　　an elevator

Answer (답)

16. I exercise four times a week.
17. My aunt <u>exercises</u> in the fitness center in the early morning.
18. I <u>exercised</u> in the gym for an hour yesterday.
19. I climb the mountain every morning for my health.
20. Bob <u>climbs</u> stairs instead of taking an elevator for health.

워크북 2

123

DIAGRAM Practice DP

힌트를 보며 써 봐요!

21. 우리는 / 올라갔다. / 정상까지 / (그) 산의 / 어제 아침에
    climbed   to the top   of the mountain

22. 나는 / 산책한다. / 나의 강아지와 / 저녁식사 후에
    take a walk   with my dog   after dinner

23. ³인칭 그녀는 / 산책한다. / 그녀의 강아지와 / 밤에
    takes   with her puppy   in the evening

24. 그들은 / 산책했다. / 공원에서 / 그의 집 근처의
    took a walk in the park   near his house

25. 나는 / 탄다. / 버스를 / 나의 회사까지 / 매일
    take   a bus   to my work   every day

Answer (답)

21. We **climbed** to the top of the mountain yesterday morning.
22. I take a walk with my dog after dinner.
23. She **takes** a walk with her puppy in the evening.
24. They **took** a walk in the park near his house.
25. I take a bus to my work every day.

DIAGRAM Practice DP

힌트를 보며 써 봐요!

26. **3인칭** 그는 / 탄다. / 택시를 / 항상
    take a taxi all the time

27. **3인칭** (시간이) 걸린다. / 20분이 / 여기에서 / 그의 집까지
    It take twenty minutes from here to his house

28. 우리는 / 탔다. / 지하철을 / 러시아워에 (=혼잡한 시간에)
    took the subway during rush hour

29. 나는 / 가지고 있다. / 두 명의 언니들을
    have two older sisters

30. **3인칭** Sheila는 / 가지고 있다. / 한 명의 오빠와 한 명의 남동생을
    has one older and one younger brother

31. 나는 / 가졌다.(=꿨다) / 나쁜 꿈을 / 지난밤에
    had a bad dream

Answer (답)

26. He <u>takes</u> a taxi all the time.
27. It <u>takes</u> twenty minutes from here to his house.
28. We <u>took</u> the subway during rush hour.
29. I have two older sisters.
30. Sheila <u>has</u> one older and one younger brother.
31. I <u>had</u> a bad dream last night.

DIAGRAM Practice DP 동시통역

힌트없이 한글을 보면서
동시통역을 해보세요~

1. 나는 / 청소한다. / 나의 방을 / 한 번 / 하루에
2. 그녀는 / 청소한다. / 그녀의 방을 / 한 번 / 일주일에
3. 우리는 / 청소했다. / 우리의 방을 / 지난밤에
4. 나는 / 산다. / 나의 부모님들과 / 런던에서 / 지금
5. 그는 / 산다. / 그의 형제들과 / 서울에서
6. 그들은 / 살았다. / 나의 사촌들과 / 캐나다에서 / 이전에
7. 나는 / 돕는다. / 가난한 사람들을 / 아프리카에서
8. 나의 아내는 / 돕는다. / 아픈 늙은 사람들을 / 병원에서
9. 우리는 / 도왔다. / 서로를
10. 나는 / 요리한다. / 저녁을 / 나의 아이들을 위해서
11. 나의 아빠는 / 요리한다. / 아침을 / 나를 위해서 / 매일 아침
12. 나의 엄마는 / 요리했다. / 약간의 달걀들과 감자들을 / 나의 아침을 위해서 / 오늘 아침
13. 나는 / 한다. / 컴퓨터 게임들을 / 나의 친구들과 / 즐거움을 위해서
14. 나의 남편은 / 한다. / 컴퓨터 게임들을 / 그의 동료들과 함께 / 퇴근 후에
15. 나는 / 쳤다. / 배드민턴을 / 나의 이웃들과 / 공원에서
16. 나는 / 운동한다. / 네 번 / 일주일에
17. 나의 고모는 / 운동한다. / 피트니스 센터에서 / 이른 아침에
18. 나는 / 운동했다. / 체육관에서 / 한 시간 동안 / 어제
19. 나는 / 오른다. / (그) 산을 / 매일 아침 / 나의 건강을 위해서
20. Bob은 / 오른다. / 계단을 / 대신에 / 타는 것을 / 엘리베이터를 / 건강을 위해서
21. 우리는 / 올라갔다. / 정상까지 / (그)산의 / 어제 아침에
22. 나는 / 산책한다. / 나의 강아지와 / 저녁식사 후에
23. 그녀는 / 산책한다. / 그녀의 강아지와 / 밤에
24. 그들은 / 산책했다. / 공원에서 / 그의 집 근처의
25. 나는 / 탄다. / 버스를 / 나의 회사까지 / 매일
26. 그는 / 탄다. / 택시를 / 항상
27. (시간이) 걸린다. / 20분이 / 여기에서 / 그의 집까지
28. 우리는 / 탔다. / 지하철을 / 러시아워에
29. 나는 / 가지고 있다. / 두 명의 언니들
30. Sheila는 / 가지고 있다. / 한 명의 오빠와 한 명의 남동생을
31. 나는 / 가졌다.(=꿨다) / 나쁜 꿈을 / 지난밤에

DIAGRAM Practice   DP   동시통역

1. I clean my room once a day.
2. She cleans her room once a week.
3. We cleaned our room last night.
4. I live with my parents in London now.
5. He lives with his brothers in Seoul.
6. They lived with my cousins in Canada before.
7. I help poor people in Africa.
8. My wife helps sick old men in the hospital.
9. We helped each other.
10. I cook dinner for my kids.
11. My father cooks breakfast for me every morning.
12. My mother cooked some eggs and potatoes for my breakfast this morning.
13. I play computer games with my friends for fun.
14. My husband plays computer games with his coworkers after work.
15. I played badminton with my neighbors in the park.
16. I exercise four times a week.
17. My aunt exercises in the fitness center in the early morning.
18. I exercised in the gym for an hour yesterday.
19. I climb the mountain every morning for my health.
20. Bob climbs stairs instead of taking an elevator for health.
21. We climbed to the top of the mountain yesterday morning.
22. I take a walk with my dog after dinner.
23. She takes a walk with her puppy in the evening.
24. They took a walk in the park near his house.
25. I take a bus to my work every day.
26. He takes a taxi all the time.
27. It takes twenty minutes from here to his house.
28. We took the subway during rush hour.
29. I have two older sisters.
30. Sheila has one older and one younger brother.
31. I had a bad dream last night.

90분으로 만나는 다이아그램의 정수

1 Day Lecture

워크북

워크북이란 One day Lecture 강의 영상에서 다루지 못했던 다양한 다이아그램과, 그 다이아그램을 통하여 340여개가 넘는 문장들을 Self - Study[셀프 스터디] 할 수 있는 교재입니다.

3. '본'동사의 양대산맥

One-Day Lecture

3

⭐ 3편에서 아래 20문장을 포함해 총 39문장을 배울 거예요!

1. I am a student now.
2. I was a student last year.
3. I will be a student next year.
4. You are happy now.
5. You were happy before.
6. You will be happy soon.
7. She is busy.
8. She was busy yesterday.
9. She will be busy tomorrow.
10. It is sunny today.
11. It was sunny two days ago.
12. It will be sunny this afternoon.
13. Where are you?
14. I am in the living room.
15. She is in the kitchen.
16. He is in the bathroom.
17. They are in the yard.
19. We are in the basement.
20. My car is in the parking lot.

One Day Lecture

3. '본'동사의 양대산맥

1. Be 삼형제 (Be 분류)

Be동사는 특이한 집안이다. 뿌리(Root)는 'Be' 하나인데, Be동사 아래 자식이 'am, are, is'로 삼형제가 있다. 이들은 **주어**의 ① 인칭과 ② 수에 따라 분류 사용된다.

주어에 따른 Be 분류

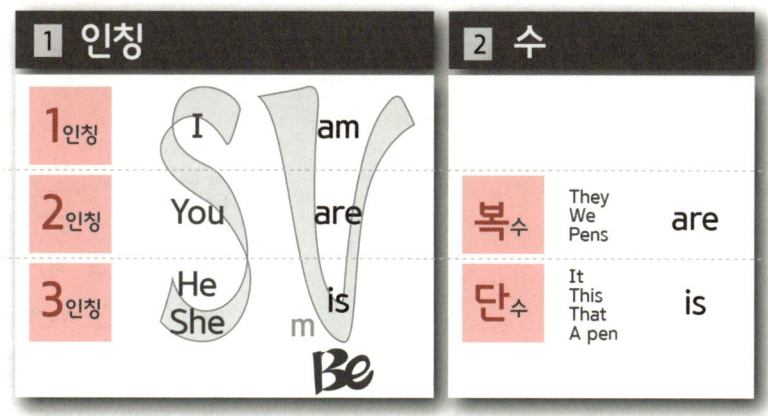

3. '본'동사의 양대산맥

2. Be TENSE (시제)

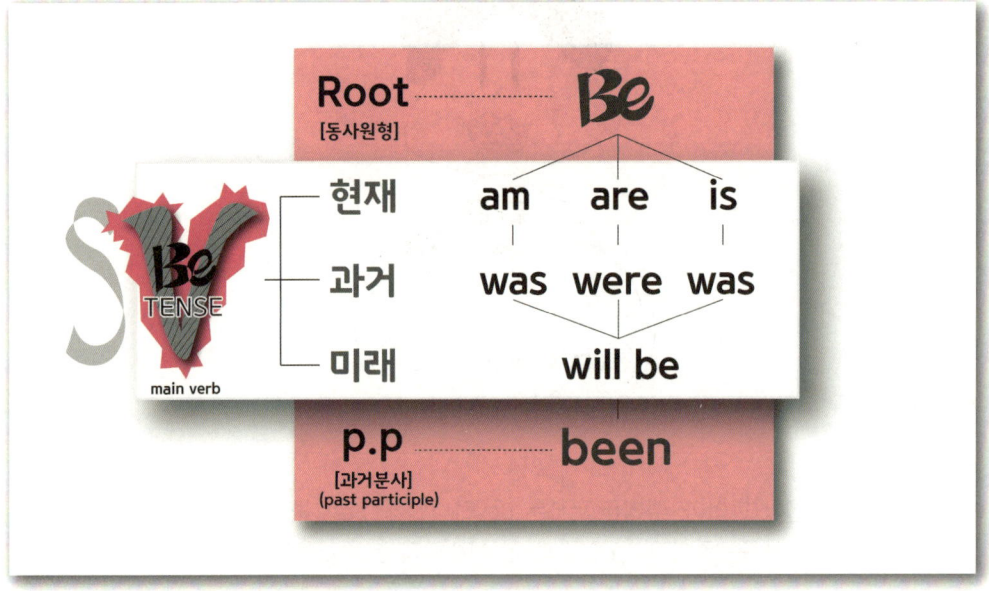

'본동사(main verb)의 양대산맥'중 하나인 'Be'동사는 '동사'이다. 즉, Be동사 역시 동사의 100%특징인 시제(TENSE)를 가진다. 모든 동사는 문장에서 살아있으려면 '현재'인지, '과거'인지, '미래'인지 반드시 'TENSE! 시제'를 가져야한다. 아래 문장들을 통해서 Be동사의 현재, 과거, 미래의 모습들을 만나보자.

현재 I **am** a student now.
  나는 이다. 학생, 지금

과거 I **was** a student last year.
  나는 이었다. 학생, 작년에

미래 I **will be** a student next year.
  나는 될 것이다. 학생이, 내년에

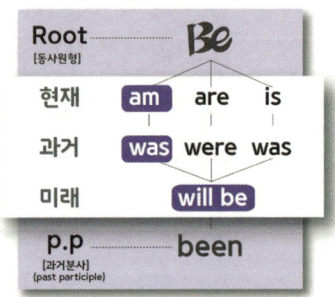

3. '본'동사의 양대산맥

현재 You **are** happy now.
　　　당신은 이다. 행복한(상태), 지금
　　　= 당신은 행복하다.

과거 You **were** happy before.
　　　당신은 이었다. 행복한(상태), 이전에
　　　= 당신은 행복했었다.

미래 You **will be** happy soon.
　　　당신은 될 것이다. 행복한(상태)가, 곧
　　　= 당신은 행복할 것이다.

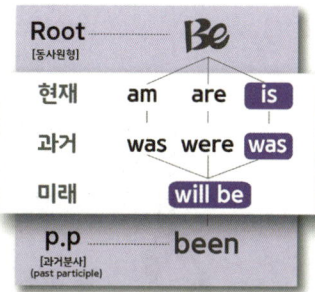

현재 She **is** busy.
　　　그녀는 이다. 바쁜(상태)
　　　= 그녀는 바쁘다.

과거 She **was** busy yesterday.
　　　그녀는 이었다. 바쁜(상태), 어제
　　　= 그녀는 바빴다.

미래 She **will be** busy tomorrow.
　　　그녀는 될 것이다. 바쁜(상태)가, 내일
　　　= 그녀는 바쁠 것이다.

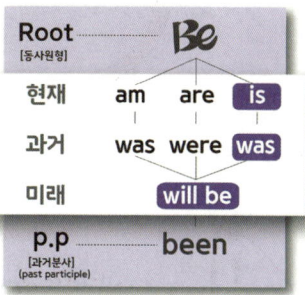

현재 It **is** sunny today.
　　　(날씨가) 맑다. 오늘

과거 It **was** sunny two days ago.
　　　(날씨가) 맑았다. 이틀 전에는

미래 It **will be** sunny this afternoon.
　　　(날씨가) 맑을 것이다. 오늘 오후에는

Words

student [stju:dnt] 학생 | last year [læst jíər] 작년 | next year [nekst jíər] 내년 | happy [hǽpi] 행복한
before [bifɔ́:r] 이전에 | soon [su:n] 곧 | busy [bízi] 바쁜 | yesterday [jéstərdèi] 어제
tomorrow [təmɔ́:rou] 내일 | sunny [sʌ́ni] 맑은 | today [tədéi] 오늘 | ago [əgóu] 전에
afternoon [ǽftərnu:n] 오후

3. '본'동사의 양대산맥

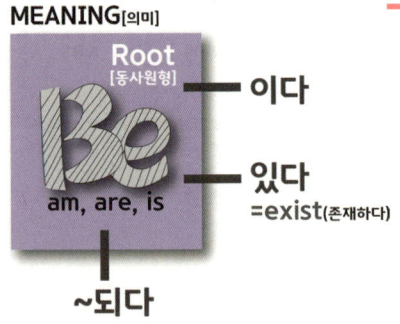

3. Be MEANING (의미)

Be동사의 기본의미로 '(S가 어떤 상태) **이다**, (S가 어디에) **있다**'가 있다. Be동사 '뒤에' 누가 오느냐에 따라 '~이다'와 '~있다'로 의미가 달라진다. Be동사 뒤에 '명사'가 올 경우 주어와 명사는 동격의 관계이지만, Be동사 뒤에 '장소'를 표현하는 MODY들이 등장하면 Be동사의 의미는 'S가 ~에 있다'라는 의미를 일반적으로 표현한다. 옆에 준비되어진 문장들을 통해 확인해보자.

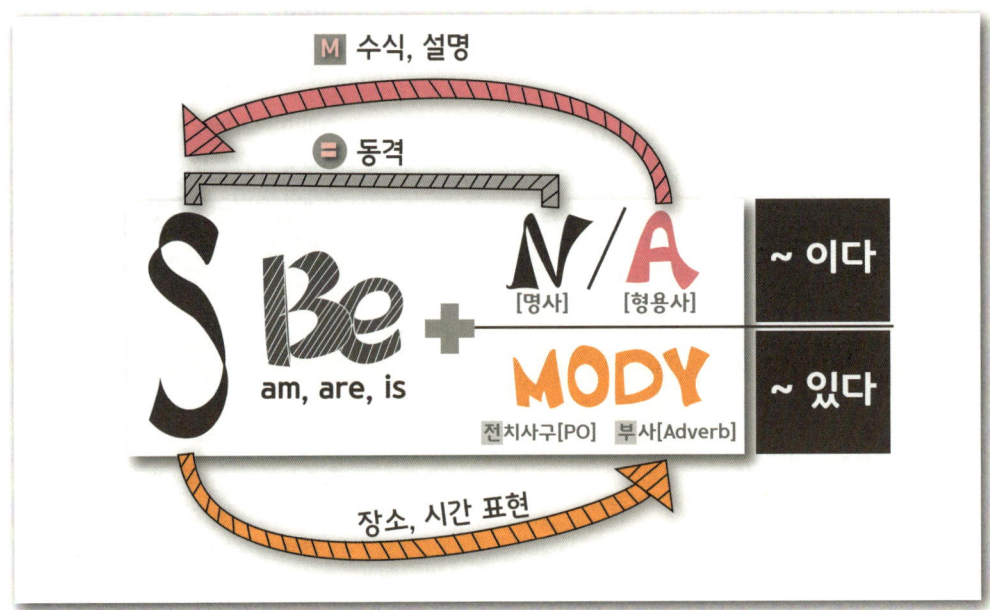

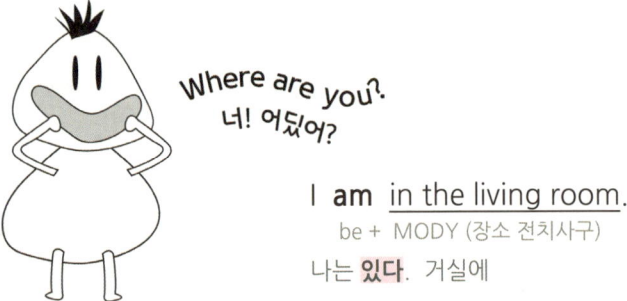

Where are you?
너! 어딨어?

I **am** in the living room.
   be + MODY (장소 전치사구)
나는 **있다**. 거실에

3. '본'동사의 양대산맥

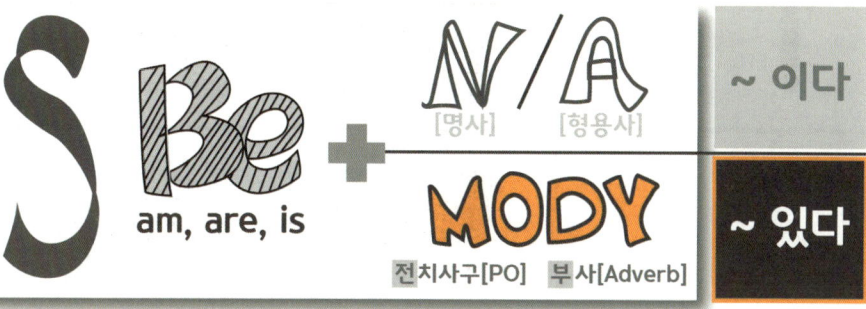

She **is** in the kitchen.
　　　　be + MODY (장소 전치사구)
그녀는 **있다**. 주방에

He **is** in the bathroom.
　　　　be + MODY (장소 전치사구)
그는 **있다**. 욕실에

They **are** in the yard.
　　　　be + MODY (장소 전치사구)
그들은 **있다**. 마당에

We **are** in the basement.
　　　　be + MODY (장소 전치사구)
우리는 **있다**. 지하실에

My car **is** in the parking lot.
　　　　be + MODY (장소 전치사구)
나의 차는 **있다**. 주차장에

I **am** here with you.
　　　be + MODY (장소 전치사구)
나는 **있다**. 여기에, 당신과 함께

My father **was** there with me last night.
　　　　be + MODY (장소 전치사구)
나의 아빠는 **있었다**. 거기에, 나와 함께, 지난밤에

They **are** in the waiting room.
　　　　be + MODY (장소 전치사구)
그들은 **있다**. 대기실에

Words

living room [líviŋ rùːm] 거실 | kitchen [kítʃən] 주방 | bathroom [bǽθrùːm] 욕실 | yard [jɑːrd] 마당
basement [béismənt] 지하실 | parking lot [páːrkiŋ lɑt] 주차장 | here [hiər] 여기 | there [ðər] 거기
waiting room [wéitiŋ ruːm] 대기실

3. '본'동사의 양대산맥

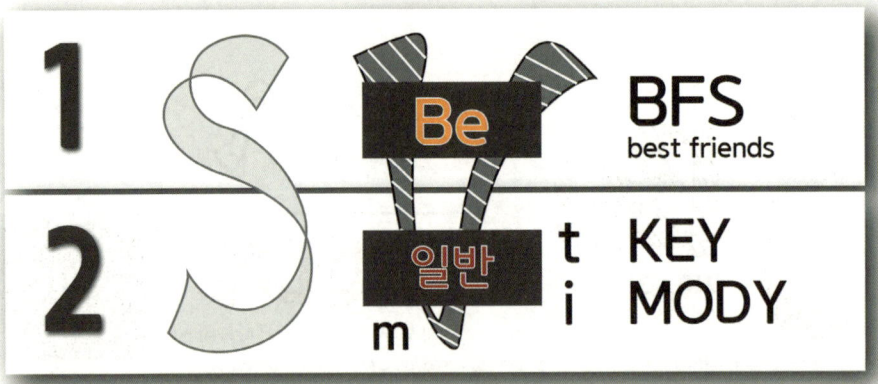

4. Be동사? or 일반동사? 본동사 확인하기

영어문장에서 반드시 하나는 존재해야하는 동사를 '본동사(main verb)'라고 한다. 이러한 본동사에는 'Be동사'와 '일반동사'가 양대산맥을 이룬다. 정말로 영어의 본동사가 'Be동사' 아니면, '일반동사'로 사용되는지 아래의 문장들에서 직접 확인해보자!

Mini TEST
Be동사인지 일반동사인지 체크해보세요!

① I **need** your help. 나는 필요로 한다. 당신의 도움을
  [Be동사 / 일반동사]

② I **am** your English teacher. 나는 이다. 당신의 영어선생님
  [Be동사 / 일반동사]

③ They **make** a lot of money. 그들은 만든다. 많은 돈을 (=돈을 벌다)
  [Be동사 / 일반동사]

④ He **is** a famous singer in Japan. 그는 이다. 유명한 가수, 일본에서
  [Be동사 / 일반동사]

Answer (답)
① 일반동사 ② Be동사 ③ 일반동사 ④ Be동사

3. '본'동사의 양대산맥

Mini TEST
Be동사인지 일반동사인지 체크해보세요!

⑤ She **takes** care of her elderly parents at home.
　　[Be동사 / 일반동사]

그녀는 돌본다. 그녀의 늙은 부모님들을, 집에서

⑥ I **got** home around 9 p.m. yesterday. 나는 도착했다. 집에, 9시경에, 어제
[Be동사 / 일반동사]

⑦ He **wears** glasses. 그는 쓴다. 안경을
　　[Be동사 / 일반동사]

⑧ We **are** so happy today. 우리는 너무 행복하다. 오늘
　　[Be동사 / 일반동사]

⑨ The sun **rises** in the east. 태양은 떠오른다. 동쪽에서
　　[Be동사 / 일반동사]

Answer (답)
⑤ 일반동사　⑥ 일반동사　⑦ 일반동사　⑧ Be동사　⑨ 일반동사

Words

need [niːd] ~을 필요로 하다 | help [help] 도움 | teacher [tíːtʃər] 선생님 | make [meik] ~을 만들다
a lot of [ə; lat əv] 많은 | money [mʌ́ni] 돈 | famous [féiməs] 유명한 | singer [síŋər] 가수
take care of [teik kɛər əv] 돌보다 | elderly [éldərli] 나이든 | parent [péərənt] 부모
get[get]-got[gat]-gotten[gátn] 도착하다 | around [əráund] ~쯤 | wear [wɛər] 쓰다 | glasses [glǽsiz] 안경
happy [hǽpi] 행복한 | sun [sʌn] 태양 | rise [raiz] 떠오르다 | east [iːst] 동쪽

3. '본'동사의 양대산맥

Mini TEST
Be동사인지 일반동사인지 체크해보세요!

⑩ I **wake up** late in the morning. 나는 일어난다. 늦게, 아침에
[Be동사 / 일반동사]

⑪ My husband **is** very busy now. 나의 남편은 매우 바쁘다. 지금
[Be동사 / 일반동사]

⑫ They **have** lunch together in the school cafeteria.
[Be동사 / 일반동사]
그들은 먹는다. 점심을, 함께, 학교 매점에서

⑬ I **am** in the office now. 나는 있다. 사무실에, 지금
[Be동사 / 일반동사]

⑭ He **speaks** English well. 그는 말한다. 영어를, 잘
[Be동사 / 일반동사]

⑮ She **was** a nurse before. 그녀는 이었다. 간호사, 이전에
[Be동사 / 일반동사]

⑯ We **will be** busy next month. 우리는 바쁠 것이다. 다음달에
[Be동사 / 일반동사]

⑰ It **is** raining outside. 비가 오고 있다. 밖은 (*현재진행형)
[Be동사 / 일반동사]

Answer (답)
⑩ 일반동사 ⑪ Be동사 ⑫ 일반동사 ⑬ Be동사 ⑭ 일반동사 ⑮ Be동사 ⑯ Be동사 ⑰ Be동사

Words
wake up [weik ʌp] 일어나다 | late [leit] 늦게 | husband [hʌzbənd] 남편 | busy [bízi] 바쁜
have [həv] ~을 먹다 | lunch [lʌntʃ] 점심 | together [təgéðər] 함께
school cafeteria [skuːl kæfətíəriə] 학교매점 | office [ɔ́ːfis] 사무실 | speak [spiːk] ~을 말하다 | well [wel] 잘
nurse [nəːrs] 간호사 | next month [nekst mʌnθ] 다음 달 | rain [rein] 비가 오다 | outside [áutsáid] 밖

DIAGRAM Practice `DP`

힌트를 보며 써 봐요!

1. 나는 / 이다. / 학생 / 지금
                           a student now

2. 나는 / 이었다. / 학생 / 작년에
          was   last year

3. 나는 / 될 것이다. / 학생이 / 내년에
          will be   next year

4. 당신은 / 이다. / 행복한(상태) / 지금 = 당신은 행복하다.
                     happy   now

5. 당신은 / 이었다. / 행복한(상태) / 이전에 = 당신은 행복했었다.
           were   before

워크북 **3**

Answer (답)

1. I am a student now.
2. I was a student last year.
3. I will be a student next year.
4. You are happy now.
5. You were happy before.

DIAGRAM Practice DP

힌트를 보며 써 봐요!

6. 당신은 / 될 것이다. / 행복한(상태)가 / 곧 = 당신은 행복할 것이다.
        will be   soon

7. 그녀는 / 이다. / 바쁜(상태) = 그녀는 바쁘다.
                   busy

8. 그녀는 / 이었다. / 바쁜(상태) / 어제 = 그녀는 바빴다.
          was   yesterday

9. 그녀는 / 될 것이다. / 바쁜(상태)가 / 내일 = 그녀는 바쁠 것이다.
          will be   tomorrow

10. (날씨가) 맑다. / 오늘
    It   sunny   today

Answer (답)

6. You will be happy soon.
7. She is busy.
8. She was busy yesterday.
9. She will be busy tomorrow.
10. It is sunny today.

DIAGRAM Practice DP

힌트를 보며 써 봐요!

11. (날씨가) 맑았다. / 이틀 전에는
    It   sunny   two days ago

12. (날씨가) 맑을 것이다. / 오늘 오후에는
    It   will be   this afternoon

13. 어디 있나요? / 당신은
    Where

14. 나는 / 있다. / 거실에
                 in the living room

15. 그녀는 / 있다. / 주방에
                  in the kitchen

Answer (답)

11. It was sunny two days ago.
12. It will be sunny this afternoon.
13. Where are you?
14. I am in the living room.
15. She is in the kitchen.

DIAGRAM Practice DP

힌트를 보며 써 봐요!

16. 그는 / 있다. / 욕실에
    　　　　　　　in the bathroom

17. 그들은 / 있다. / 마당에
    　　　　　　　in the yard

18. 우리는 / 있다. / 지하실에
    　　　　　　　in the basement

19. 나의 차는 / 있다. / 주차장에
    　　car　　　　　in the parking lot

20. 나는 / 있다. / 여기에 / 당신과 함께
    　　　　　　　here　　with you

Answer (답)

16. He is in the bathroom.
17. They are in the yard.
18. We are in the basement.
19. My car is in the parking lot.
20. I am here with you.

DIAGRAM Practice DP

힌트를 보며 써 봐요!

21. 나의 아빠는 / 있었다. / 거기에 / 나와 함께 / 지난밤에
    My father   there   with me   last night

22. 그들은 / 있다. / 대기실에
    in the waiting room

23. 나는 / 필요로 한다. / 당신의 도움을
         need   your help

24. 나는 / 이다. / 당신의 영어선생님
                   your English teacher

25. 그들은 / 만든다. / 많은 돈을(=돈을 벌다)
              make   a lot of money

Answer (답)

21. My father was there with me last night.
22. They are in the waiting room.
23. I need your help.
24. I am your English teacher.
25. They make a lot of money.

DIAGRAM Practice DP

힌트를 보며 써 봐요!

26. 그는 / 이다. / 유명한 가수 / 일본에서
    　　　　　　　a famous singer　in Japan

27. ³인칭 단수 그녀는 / 돌본다. / 그녀의 늙은 부모님들을 / 집에서
    　　　　　　　takes care of her elderly parents　　at home

28. 나는 / 도착했다. / 집에 / 9시경에 / 어제
    　　　　got　　　home　around 9 p.m. yesterday

29. ³인칭 단수 그는 / 쓴다. / 안경을
    　　　　　　wears　glasses

30. 우리는 / 너무 행복하다. / 오늘
    　　　　so happy　　　today

Answer (답)

26. He is a famous singer in Japan.
27. She <u>takes</u> care of her elderly parents at home.
28. I got home around 9 p.m. yesterday.
29. He <u>wears</u> glasses.
30. We are so happy today.

DIAGRAM Practice DP

힌트를 보며 써 봐요!

31. 3인칭 태양은 / 떠오른다. / 동쪽에서
    The sun   rises   in the east

32. 나는 / 일어난다. / 늦게 / 아침에
    wake up   late   in the morning

33. 나의 남편은 / 매우 바쁘다. / 지금
    husband   very busy

34. 그들은 / 먹는다. / 점심을 / 함께 / 학교 매점에서
    have   lunch   together in the school cafeteria

35. 나는 / 있다. / 사무실에 / 지금
    in the office   now

워크북 **3**

Answer (답)

31. The sun rises in the east.
32. I wake up late in the morning.
33. My husband is very busy now.
34. They have lunch together in the school cafeteria.
35. I am in the office now.

DIAGRAM Practice DP

힌트를 보며 써 봐요!

36. 평일엔 그는 / 말한다. / 영어를 / 잘
    　　　　　speaks　English　well

37. 그녀는 / 이었다. / 간호사 / 이전에
    　　　　　　　　　a nurse　before

38. 우리는 / 바쁠 것이다. / 다음달에
    　　　　　will be busy　next month

39. (날씨가) 비가 오고 있다. / 밖은
    　It　　be raining　　　outside

Answer (답)

36. He <u>speaks</u> English well.
37. She was a nurse before.
38. We will be busy next month.
39. It is raining outside.

One Day Lecture
Special 눈사람들의 겉말 / 속말

CARTOON

워크북 **3**

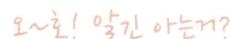

DIAGRAM Practice DP 동시통역

힌트없이 한글을 보면서
동시통역을 해보세요~

1. 나는 / 이다. / 학생 / 지금
2. 나는 / 이었다. / 학생 / 작년에
3. 나는 / 될 것이다. / 학생이 / 내년에
4. 당신은 / 이다. / 행복한(상태) / 지금
5. 당신은 / 이었다. / 행복한(상태) / 이전에
6. 당신은 / 될 것이다. / 행복한(상태)가 / 곧
7. 그녀는 / 이다. / 바쁜(상태)
8. 그녀는 / 이었다. / 바쁜(상태) / 어제
9. 그녀는 / 될 것이다. / 바쁜(상태)가 / 내일
10. (날씨가) 맑다. / 오늘
11. (날씨가) 맑았다. / 이틀 전에는
12. (날씨가) 맑을 것이다. / 오늘 오후에는
13. 어디 있나요? / 당신은
14. 나는 / 있다. / 거실에
15. 그녀는 / 있다. / 주방에
16. 그는 / 있다. / 욕실에
17. 그들은 / 있다. / 마당에
18. 우리는 / 있다. / 지하실에
19. 나의 차는 / 있다. / 주차장에
20. 나는 / 있다. / 여기에 / 당신과 함께
21. 나의 아빠는 / 있었다. / 거기에 / 나와 함께 / 지난밤에
22. 그들은 / 있다. / 대기실에
23. 나는 / 필요로 한다. / 당신의 도움을
24. 나는 / 이다. / 당신의 영어선생님
25. 그들은 / 만든다. / 많은 돈을 (=돈을 벌다)
26. 그는 / 이다. / 유명한 가수 / 일본에서
27. 그녀는 / 돌본다. / 그녀의 늙은 부모님들을 / 집에서
28. 나는 / 도착했다. / 집에 / 9시경에 / 어제
29. 그는 / 쓴다. / 안경을
30. 우리는 / 너무 행복하다. / 오늘
31. 태양은 / 떠오른다. / 동쪽에서
32. 나는 / 일어난다. / 늦게 / 아침에
33. 나의 남편은 / 매우 바쁘다. / 지금
34. 그들은 / 먹는다. / 점심 / 함께 / 학교 매점에서
35. 나는 / 있다. / 사무실에 / 지금
36. 그는 / 말한다. / 영어를 / 잘
37. 그녀는 / 이었다. / 간호사 / 이전에
38. 우리는 / 바쁠 것이다. / 다음달에
39. (날씨가) 비가 오고 있다. / 밖은

DIAGRAM Practice DP 동시통역

1. I am a student now.
2. I was a student last year.
3. I will be a student next year.
4. You are happy now.
5. You were happy before.
6. You will be happy soon.
7. She is busy.
8. She was busy yesterday.
9. She will be busy tomorrow.
10. It is sunny today.
11. It was sunny two days ago.
12. It will be sunny this afternoon.
13. Where are you?
14. I am in the living room.
15. She is in the kitchen.
16. He is in the bathroom.
17. They are in the yard.
18. We are in the basement.
19. My car is in the parking lot.
20. I am here with you.
21. My father was there with me last night.
22. They are in the waiting room.
23. I need your help.
24. I am your English teacher.
25. They make a lot of money.
26. He is a famous singer in Japan.
27. She takes care of her elderly parents at home.
28. I got home around 9 p.m. yesterday.
29. He wears glasses.
30. We are so happy today.
31. The sun rises in the east.
32. I wake up late in the morning.
33. My husband is very busy now.
34. They have lunch together in the school cafeteria.
35. I am in the office now.
36. He speaks English well.
37. She was a nurse before.
38. We will be busy next month.
39. It is raining outside.

90분으로 만나는 다이아그램의 정수

1 Day Lecture

4

워크북

워크북이란 One day Lecture 강의 영상에서 다루지 못했던 다양한 다이아그램과, 그 다이아그램을 통하여 340여개가 넘는 문장들을 Self - Study[셀프 스터디] 할 수 있는 교재입니다.

4. 영어문장 기본구조

One-Day Lecture

4

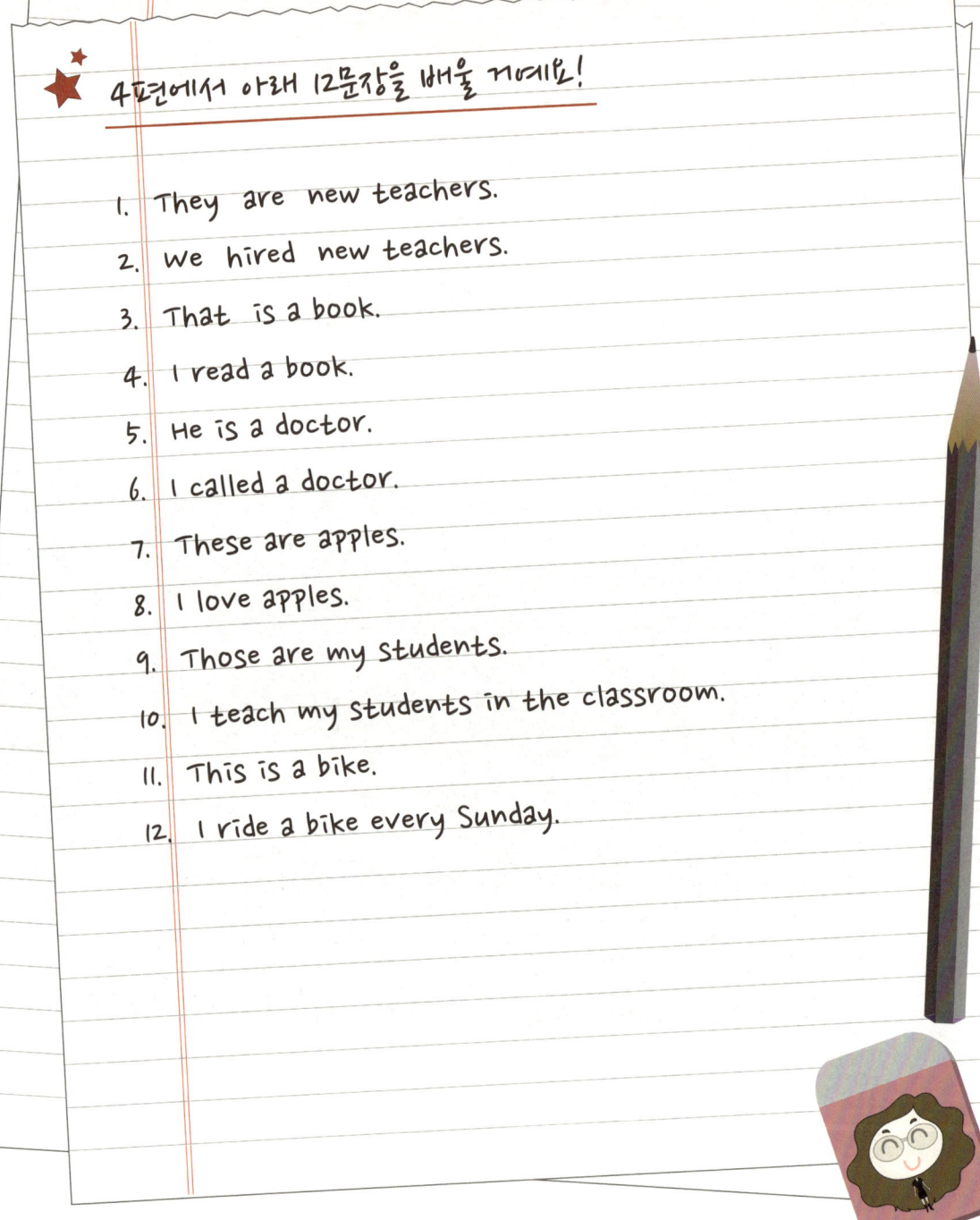

⭐ 4편에서 아래 12문장을 배울 거예요!

1. They are new teachers.
2. We hired new teachers.
3. That is a book.
4. I read a book.
5. He is a doctor.
6. I called a doctor.
7. These are apples.
8. I love apples.
9. Those are my students.
10. I teach my students in the classroom.
11. This is a bike.
12. I ride a bike every Sunday.

One Day Lecture

4. 영어문장 기본구조

1. 명사가 '보어'일 때와 '목적어'일 때

본동사가 누구냐에 따라 명사(**N**oun)는 '보어(**C**omplement)'도 되고 '목적어(**O**bjective)'도 될 수 있다. Be동사 뒤에 온 명사는 목적어가 아닌, 보어이다. 이때 '명사 보어'는 주어를 보충 설명한 친구로 주어와 '동격(equal)의 관계'를 이룬다. 반면, 일반동사 뒤에 온 명사는 주어와 동격의 관계가 아닌, 주어(S) 행위(V)의 대상인 '목적어(O)'라고 한다. 목적어는 우리말의 '~을, ~를'에 해당한다. 영어에서 '목적어와 보어'를 구분해야하는 이유는 커다란 의미 차이가 있기 때문이다.

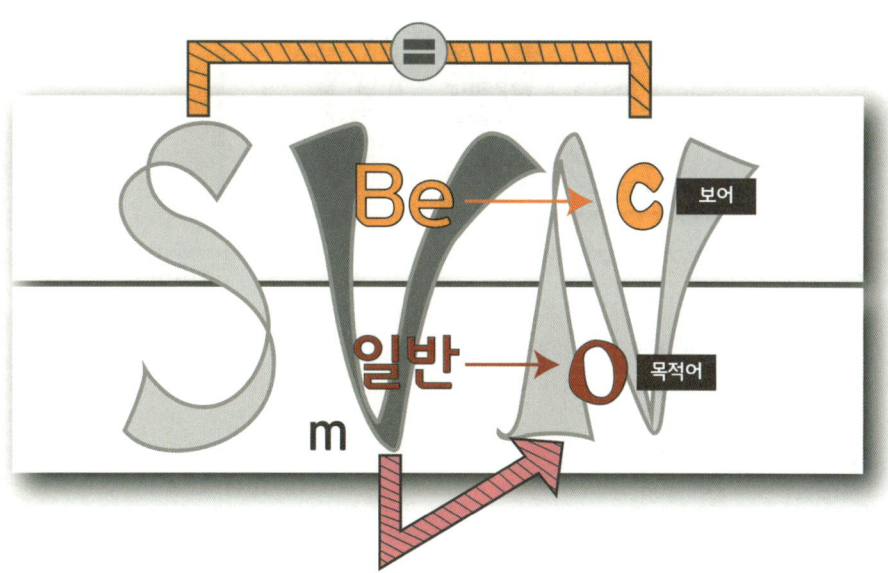

● mV : mV는 **m**ain **v**erb(본동사)의 약자로 코드화 한다.

4. 영어문장 기본구조

2. 한국인이 가장 많이 틀리는 비타민 'C', 보어

Be동사 뒤에 등장한 명사는 '보어(C)'로서 주어와의 관계가 '동격'이고, 일반동사 뒤에 온 명사는 '목적어'로 주어와의 관계가 '동격'이 아닌, 주어(S) 행위(V)의 대상자(O)나 대상물에 해당한다. 아래의 문장들을 통해 그 구조와 의미 차이를 확인해 보자.

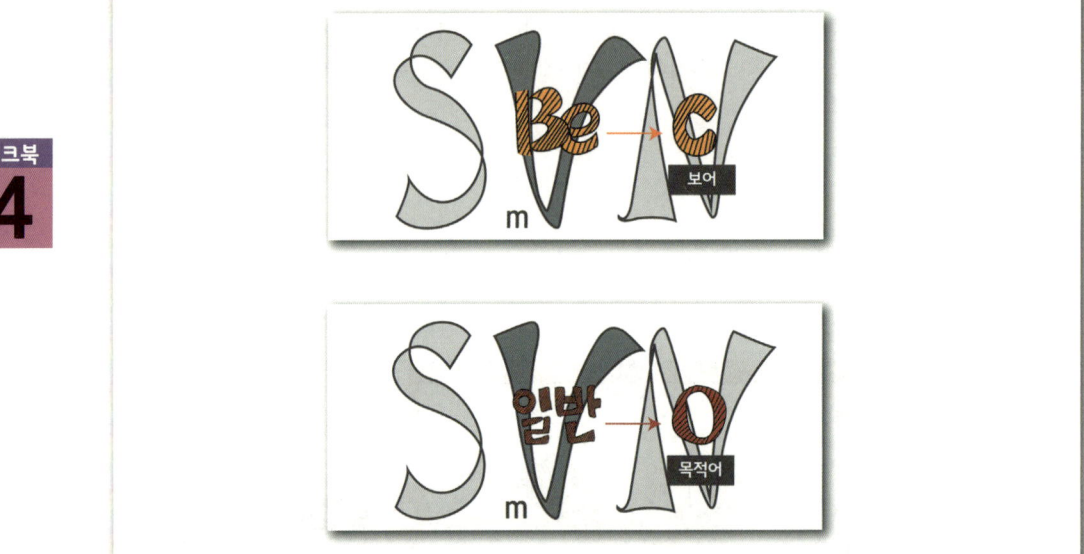

They are **new teachers.** 그들은 이다. 새로운 선생님들
 S Be동사   C

We hired **new teachers.** 우리는 고용했다. 새로운 선생님들을
 S 일반동사   O

That is **a book.** 저것은 이다. 책
 S Be동사   C

I read **a book.** 나는 읽는다. 책을
 S 일반동사 O

4. 영어문장 기본구조

He   is   a doctor. 그는 이다. 의사
S   Be동사   C
              N

I   called   a doctor. 나는 불렀다. 의사를
S   일반동사   O

These are   apples. 이것들은 이다. 사과들
S   Be동사   C
              N

I   love   apples. 나는 좋아한다. 사과들을
S   일반동사   O

Those are my students. 저 사람들은 이다. 나의 학생들
S   Be동사   C
              N

I   teach   my students in the classroom. 나는 가르친다. 나의 학생들을, 교실에서
S   일반동사   O

This   is   a bike. 이것은 이다. 자전거
S   Be동사   C
              N

I   ride   a bike every Sunday. 나는 탄다. 자전거를, 일요일 마다
S   일반동사   O

Words

new [nu:] 새로운 | teacher [tíːtʃər] 선생님 | hire [haiər] 고용하다 | book [buk] 책 | read [riːd] ~을 읽다
doctor [dáktər] 의사 | call [kɔːl] 부르다 | these [ðiːz] 이것들, 이사람들 | apple [ǽpl] 사과
those [ðouz] 저것들, 저사람들 | teach [tiːtʃ] ~을 가르치다 | classroom [klǽsrùːm] 교실
bike [baik] 자전거 | ride [raid] ~을 타다

DIAGRAM Practice DP

힌트를 보며 써 봐요!

1. 그들은 / 이다. / 새로운 선생님들
                    new teachers

2. 우리는 / 고용했다. / 새로운 선생님들을
            hired

3. 저것은 / 이다. / 책
      That   a book

4. 나는 / 읽는다. / 책을
          read

5. 그는 / 이다. / 의사
              a doctor

Answer (답)

1. They are new teachers.
2. We hired new teachers.
3. That is a book.
4. I read a book.
5. He is a doctor.

DIAGRAM Practice DP

힌트를 보며 써 봐요!

6. 나는 / 불렀다. / 의사를
        called

7. 이것들은 / 이다. / 사과들
     These   apples

8. 나는 / 좋아한다. / 사과들을
       love

9. 저 사람들은 / 이다. / 나의 학생들
     Those   students

10. 나는 / 가르친다. / 나의 학생들을 / 교실에서
         teach   in the classroom

Answer (답)

6. I called a doctor.
7. These are apples.
8. I love apples.
9. Those are my students.
10. I teach my students in the classroom.

DIAGRAM Practice DP

힌트를 보며 써 봐요!

11. 이것은 / 이다. / 자전거
    This   a bike

12. 나는 / 탄다. / 자전거를 / 일요일 마다
         ride   every Sunday

Answer (답)

11. This is a bike.
12. I ride a bike every Sunday.

One Day Lecture Special 눈사람들의 겉말 / 속말

CARTOON

영어문장 기본구조를 왜 이제까지 몰랐냐고!
이렇게 쉬운걸!

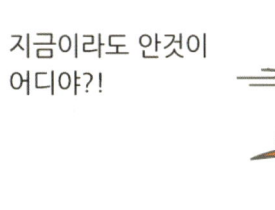
지금이라도 안것이 어디야?!

성질은...

흑흑 ㅠㅠ

동사 뒤에 있으면 무조건 '목적어'라고 생각했었다고!

하긴! 나도 그랬지.
그런데! 목적어, 보어 구별하는게 그렇게 중요해?

워크북 4

Be동사 뒤에 온 명사와 일반동사 뒤에 온 명사에는 확연한 의미 차이가 있기 때문에 이 두 가지를 구분할 수 있다는 것은 영어 말하기에서 중요해!

아직도 좀 헷갈리는걸!
눈사람 두통제 필요!

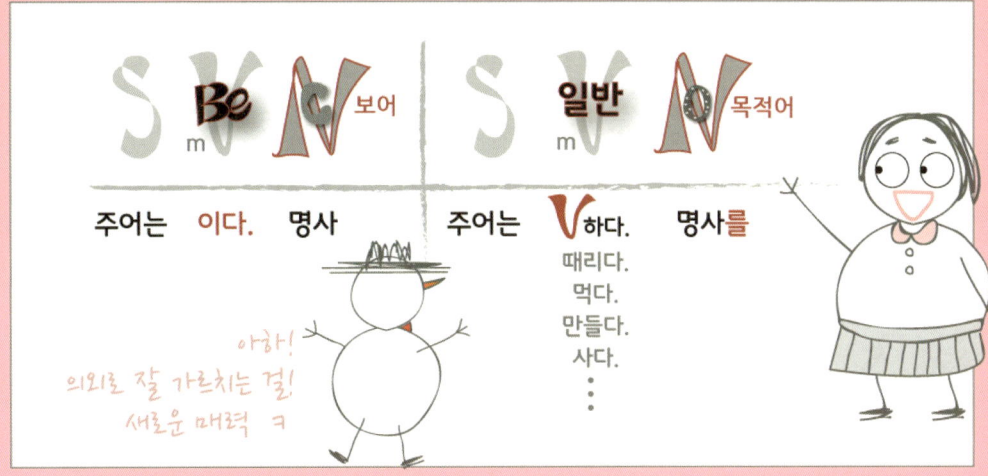

DIAGRAM Practice DP 동시통역

힌트없이 한글을 보면서
동시통역을 해보세요~

1. 그들은 / 이다. / 새로운 선생님들

2. 우리는 / 고용했다. / 새로운 선생님들을

3. 저것은 / 이다. / 책

4. 나는 / 읽는다. / 책을

5. 그는 / 이다. / 의사

6. 나는 / 불렀다. / 의사를

7. 이것들은 / 이다. / 사과들

8. 나는 / 좋아한다. / 사과들을

9. 저 사람들은 / 이다. / 나의 학생들

10. 나는 / 가르친다. / 나의 학생들을 / 교실에서

11. 이것은 / 이다. / 자전거

12. 나는 / 탄다. / 자전거를 / 일요일 마다

DIAGRAM Practice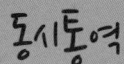

1. They are new teachers.

2. We hired new teachers.

3. That is a book.

4. I read a book.

5. He is a doctor.

6. I called a doctor.

7. These are apples.

8. I love apples.

9. Those are my students.

10. I teach my students in the classroom.

11. This is a bike.

12. I ride a bike every Sunday.

90분으로 만나는 다이아그램의 정수

1 Day Lecture

5

워크북

워크북이란 One day Lecture 강의 영상에서 다루지 못했던 다양한 다이아그램과, 그 다이아그램을 통하여 340여개가 넘는 문장들을 Self - Study[셀프 스터디] 할 수 있는 교재입니다.

5. 본동사들의 의문문 구조

One-Day Lecture

5

⭐ 5과에서 아래 35문장을 포함해 총 52문장을 배울 거예요!

1. She is sad.
2. Is she sad?
3. It's raining in Busan.
4. Is it raining in Busan?
5. It is true.
6. Is it true?
7. You have a meeting.
8. Do you have a meeting?
9. You speak Japanese.
10. Do you speak Japanese?
11. You wear glasses.
12. Do you wear glasses?
13. You are bored.
14. Are you bored?
15. You are tired.
16. Are you tired?
17. She was surprised.
18. Was she surprised?
19. He was touched.
20. Was he touched?
21. I am nervous.
22. Am I nervous?
23. They are expensive.
24. Are they expensive?
25. This is cheap.
26. Is this cheap?
27. It is easy.
28. Is it easy?
29. I am hungry.
30. Am I hungry?
31. This book is interesting.
32. Is this book interesting?
33. You need my help.
34. Do you need my help?
35. We have enough time.

One Day Lecture

5. 본동사들의 의문문 구조

1. 의문문 만들어보기

본동사가 '누구냐'에 따라 달라지는 구조가 많다. 동사 뒤에 위치하는 명사는 본동사에 따라 '보어'와 '목적어'로 달라질 수 있다. 마찬가지로 본동사가 누구냐에 따라 '의문문 구조'도 달라진다. 의문문을 만들 때, '기능어'인 Be동사는 누구의 도움도 필요 없이 **Be동사 자신이** **'주어 앞'**으로 이동해 의문문을 만든다. 반면, 동사의 대부분을 차지하는 '의미어'인 일반동사는 조력자, Do동사의 도움 없이는 기능문을 만들 수 없다. 일반동사 문장은 **Do 동사**가 문두에 위치해 의문문을 만든다. 'Be동사는 '스스로' 만들고, 일반동사는 'Do'의 도움을 받아 기능문(의문문, 부정문 등)을 만든다는 것을 다시 한 번 상기하자.

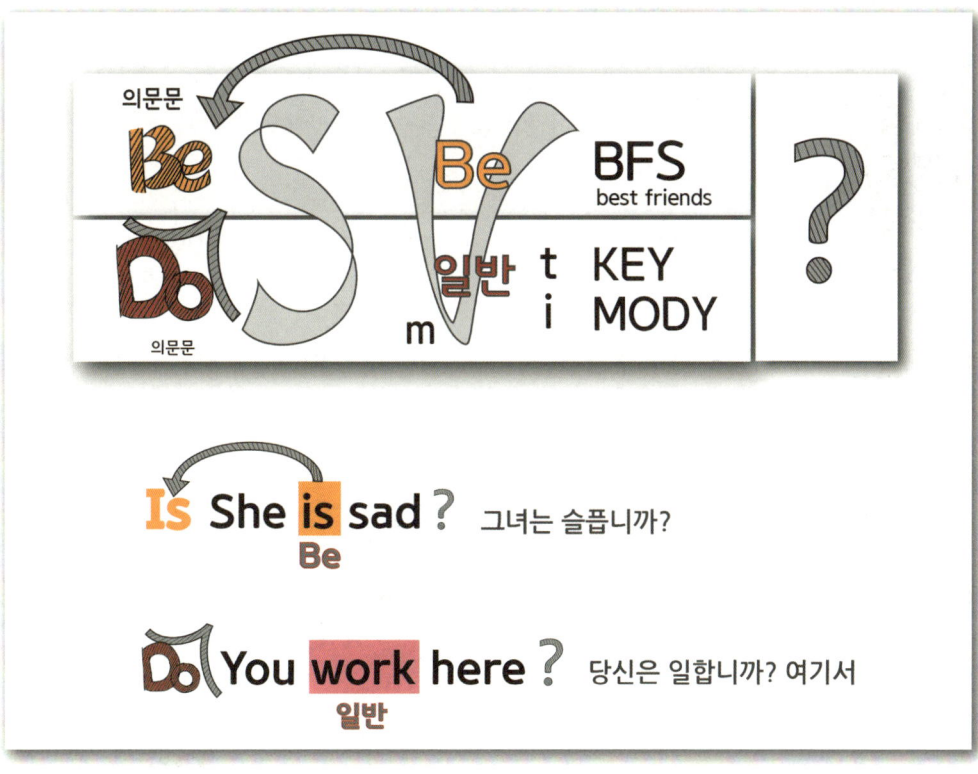

5. 본동사들의 의문문 구조

Be동사 의문문 만들기

평서문	의문문
She **is** sad. 그녀는 슬프다.	**Is** she sad? 그녀는 슬픈가요?
It's raining in Busan. 비가 오고 있다. 부산에는	**Is** it raining in Busan? 비가 오고 있나요? 부산에는
It **is** true. 그것은 사실이다.	**Is** it true? 그것이 사실입니까?

일반동사 의문문 만들기

평서문	의문문
You **have** a meeting. 당신은 가지고 있다. 회의를 (=회의를 한다)	**Do** you have a meeting? 당신은 가지고 있나요? 회의를 (=회의가 있나요?)
You **speak** Japanese. 당신은 말한다. 일본어를	**Do** you speak Japanese? 당신은 말 합니까? 일본어를
You **wear** glasses. 당신은 낀다. 안경을	**Do** you wear glasses? 당신은 낍니까? 안경을

'본동사' 의문문 만들 때!

조동사 필요없어!
Be가 '기능어'거든!

조동사 필요해!
일반동사는 너무 많거든!

5. 본동사들의 의문문 구조

2. Be동사 의문문 만들기

아래 준비된 더 많은 문장들을 통해서 '**Be동사-의문문**'들을 Practice해보자. 이때 반드시 눈이 아닌 '입'으로 의문문을 여러 번 반복해서 말해보자!

| 평서문 | You **are** bored. 당신은 지루하다. |
| 의문문 | **Are** you bored? 당신은 지루합니까? |

| 평서문 | You **are** tired. 당신은 피곤하다. |
| 의문문 | **Are** you tired? 당신은 피곤합니까? |

| 평서문 | She **was** surprised. 그녀는 놀랐었다. |
| 의문문 | **Was** she surprised? 그녀는 놀랐었나요? |

Words

sad [sæd] 슬픈 | rain [rein] 비가 오다 | true [tru:] 사실인 | have [həv] ~을 가지다 | meeting [mi:tiŋ] 회의
speak [spi:k] ~을 말하다 | Japanese [dʒæpəní:z] 일본어 | wear [wɛər] 끼다 | glasses [glæsiz] 안경
bored [bɔ:rd] 지루한 | tired [taiərd] 피곤한 | surprised [sərpráizd] 놀란

5. 본동사들의 의문문 구조

| 평서문 | He **was** touched. 그는 감동했었다. |
| 의문문 | **Was** he touched? 그는 감동했었나요? |

| 평서문 | I **am** nervous. 나는 긴장했다. |
| 의문문 | **Am** I nervous? 내가 긴장했나요? |

| 평서문 | They **are** expensive. 그것들은 비싸다. |
| 의문문 | **Are** they expensive? 그것들이 비싼가요? |

| 평서문 | This **is** cheap. 이것은 싸다. |
| 의문문 | **Is** this cheap? 이것은 쌉니까? |

| 평서문 | It **is** easy. 그것은 쉽다. |
| 의문문 | **Is** it easy? 그것이 쉽습니까? |

| 평서문 | I **am** hungry. 나는 배고프다. |
| 의문문 | **Am** I hungry? 내가 배가 고픈가요? |

| 평서문 | This book **is** interesting. 이 책은 흥미롭다. |
| 의문문 | **Is** this book interesting? 이 책은 흥미로운가요? |

Words

touched [tʌtʃt] 감동한 | nervous [nə́ːrvəs] 긴장되는 | expensive [ikspénsiv] 비싼 | cheap [tʃiːp] 싼
easy [íːzi] 쉬운 | hungry [hʌ́ŋgri] 배고픈 | interesting [íntərəstiŋ] 흥미로운

5. 본동사들의 의문문 구조

3. 일반동사 의문문 만들기

아래 준비된 더 많은 문장들을 통해서 '**일반동사-의문문**'들을 Practice해보자. 이때 반드시 눈이 아닌 '입'으로 의문문을 여러 번 반복해서 말해보자!

| 평서문 | You **need** my help. 당신은 필요로 한다. 나의 도움을 |
| 의문문 | **Do** you **need** my help? 당신은 필요로 합니까? 나의 도움을 |

| 평서문 | We **have** enough time. 우리는 가지고 있다. 충분한 시간을 |
| 의문문 | **Do** we **have** enough time? 우리는 가지고 있습니까? 충분한 시간을 |

| 평서문 | They **like** computer games. 그들은 좋아한다. 컴퓨터 게임들을 |
| 의문문 | **Do** they **like** computer games? 그들은 좋아합니까? 컴퓨터 게임들을 |

| 평서문 | You **enjoy** riding a bike. 당신은 즐긴다. 타는 것을, 자전거를 |
| 의문문 | **Do** you **enjoy** riding a bike? 당신은 즐깁니까? 타는 것을, 자전거를 |

Words

need [niːd] ~을 필요로 하다 | help [help] 도움 | have [həv] ~을 가지다 | enough [inʌf] 충분한 | time [taim] 시간 | like [laik] ~을 좋아하다 | computer game [kəmpjúːtər geim] 컴퓨터게임 | enjoy [indʒɔ́i] ~을 즐기다 | ride [raid] ~을 타다 | bike [baik] 자전거

5. 본동사들의 의문문 구조

| 평서문 | You **know** me. 당신은 안다. 나를 |
| 의문문 | **Do** you **know** me? 당신은 압니까? 나를 |

| 평서문 | They **take** a bus. 그들은 탄다. 버스를 |
| 의문문 | **Do** they **take** a bus? 그들은 탑니까? 버스를 |

| 평서문 | You **take** a nap during the lunch time.
당신은 낮잠을 잔다. 점심시간 동안에 |
| 의문문 | **Do** you **take** a nap during the lunch time?
당신은 낮잠을 잡니까? 점심시간 동안에 |

| 평서문 | They **use** chopsticks. 그들은 사용한다. 젓가락들을 |
| 의문문 | **Do** they **use** chopsticks? 그들은 사용합니까? 젓가락들을 |

| 평서문 | You **live** with your parents in law. 당신은 삽니다. 당신의 시부모님들과 |
| 의문문 | **Do** you **live** with your parents in law? 당신은 삽니까? 당신의 시부모님들과 |

| 평서문 | You **work** here. 당신은 일한다. 여기에서 |
| 의문문 | **Do** you **work** here? 당신은 일합니까? 여기에서 |

Words

know [nou] ~을 알다 | take a bus [teik ə bʌs] 버스를 타다 | take a nap [teik ə næp] 낮잠을 자다
during [djúəriŋ] ~동안 | lunch time [lʌntʃ taim] 점심시간 | use [juːz] ~을 사용하다
chopstick [tʃɑːpstɪk] 젓가락 | live [liv] 살다 | parents in law [pɛ́ərənt in lɔː] 시부모 | work [wəːrk] 일하다
here [hiər] 여기

5. 본동사들의 의문문 구조

Mini TEST
의문문으로 직접 만들어 써보세요.

① You **are** bored. 당신은 지루하다.
   Are you bored?

② You **need** my help. 당신은 필요로 한다. 나의 도움을
   Do you need my help?

③ You **are** tired. 당신은 피곤하다.

④ .We **have** enough time. 우리는 가지고 있다. 충분한 시간을

⑤ She **was** surprised. 그녀는 놀랐었다.

⑥ They **like** computer games. 그들은 좋아한다. 컴퓨터 게임들을

⑦ He **was** touched. 그는 감동했었다.

⑧ You **enjoy** riding a bike. 당신은 즐긴다. 타는 것을, 자전거를

Answer (답)

① Are you bored? ② Do you need my help? ③ Are you tired? ④ Do we have enough time?
⑤ Was she surprised? ⑥ Do they like computer games? ⑦ Was he touched?
⑧ Do you enjoy riding a bike?

DIAGRAM Practice DP

힌트를 보며 써 봐요!

1. 그녀는 / 슬프다.
   　　　　　　sad

Be 동사 의문문
2. 그녀는 / 슬픈가요?

3. (날씨) 비가 오고 있다. / 부산에는
   　　It　　be raining　　　in Busan

Be 동사 의문문
4. (날씨) 비가 오고 있나요? / 부산에는

5. 그것은 / 사실이다.
   　　　　true

Answer (답)

1. She is sad.
2. Is she sad?
3. It's raining in Busan.
4. Is it raining in Busan?
5. It is true.

DIAGRAM Practice DP

힌트를 보며 써 봐요!

Be 동사 의문문
6. 그것이 / 사실입니까?

7. 당신은 / 가지고 있다. / 회의를(=회의를 한다)
           have   a meeting

일반동사 의문문
8. 당신은 / 가지고 있나요? / 회의를

9. 당신은 / 말한다. / 일본어를
           speak   Japanese

일반동사 의문문
10. 당신은 / 말합니까? / 일본어를

Answer (답)

6. Is it true?
7. You have a meeting.
8. Do you have a meeting?
9. You speak Japanese.
10. Do you speak Japanese?

DIAGRAM Practice [DP]

힌트를 보며 써 봐요!

11. 당신은 / 낀다 . / 안경을
    　　　　 wear 　 glasses

일반동사 의문문
12. 당신은 / 낍니까? / 안경을

13. 당신은 / 지루하다.
    　　　　　　 bored

Be 동사 의문문
14. 당신은 / 지루합니까?

15. 당신은 / 피곤하다.
    　　　　　 tired

Answer (답)

11. You wear glasses.
12. Do you wear glasses?
13. You are bored.
14. Are you bored?
15. You are tired.

DIAGRAM Practice DP

힌트를 보며 써 봐요!

Be 동사 의문문
16. 당신은 / 피곤합니까?

17. 그녀는 / 놀랐었다.
　　　　　was surprised

Be 동사 의문문
18. 그녀는 / 놀랐었나요?

19. 그는 / 감동했었다.
　　　　　was touched

Be 동사 의문문
20. 그는 / 감동했었나요?

Answer (답)

16. Are you tired?
17. She was surprised.
18. Was she surprised?
19. He was touched.
20. Was he touched?

DIAGRAM Practice DP

힌트를 보며 써 봐요!

21. 나는 / 긴장했다.
    　　　nervous

Be 동사 의문문
22. 내가 / 긴장했나요?

23. 그것들은 / 비싸다.
    　　　　　expensive

Be 동사 의문문
24. 그것들이 / 비싼가요?

25. 이것은 / 싸다.
    　　　　cheap

Answer (답)

21. I am nervous.
22. Am I nervous?
23. They are expensive.
24. Are they expensive?
25. This is cheap.

DIAGRAM Practice DP

힌트를 보며 써 봐요!

Be 동사 의문문
26. 이것은 / 쌉니까?

27. 그것은 / 쉽다.
       easy

Be 동사 의문문
28. 그것이 / 쉽습니까?

29. 나는 / 배고프다.
       hungry

Be 동사 의문문
30. 내가 / 배가 고픈가요?

Answer (답)

26. Is this cheap?
27. It is easy.
28. Is it easy?
29. I am hungry.
30. Am I hungry?

DIAGRAM Practice DP

힌트를 보며 써 봐요!

31. 이 책은 / 흥미롭다.
    This book be interesting

Be 동사 의문문
32. 이 책은 / 흥미로운가요?

33. 당신은 / 필요로 한다. / 나의 도움을
         need   my help

일반동사 의문문
34. 당신은 / 필요로 합니까? / 나의 도움을

35. 우리는 / 가지고 있다. / 충분한 시간을
           have   enough time

Answer (답)

31. This book is interesting.
32. Is this book interesting?
33. You need my help.
34. Do you need my help?
35. We have enough time.

DIAGRAM Practice DP

힌트를 보며 써 봐요!

일반동사 의문문
36. 우리는 / 가지고 있습니까? / 충분한 시간을

37. 그들은 / 좋아한다. / 컴퓨터 게임들을
　　　　　　like　　　computer games

일반동사 의문문
38. 그들은 / 좋아합니까? / 컴퓨터 게임들을

39. 당신은 / 즐긴다. / 타는 것을 / 자전거를
　　　　　enjoy　　riding　　a bike

일반동사 의문문
40. 당신은 / 즐깁니까? / 타는 것을 / 자전거를

Answer (답)

36. Do we have enough time?
37. They like computer games.
38. Do they like computer games?
39. You enjoy riding a bike.
40. Do you enjoy riding a bike?

DIAGRAM Practice DP

힌트를 보며 써 봐요!

41. 당신은 / 안다. / 나를
               know   me

‹일반동사 의문문›
42. 당신은 / 압니까? / 나를

43. 그들은 / 탄다. / 버스를
              take   a bus

‹일반동사 의문문›
44. 그들은 / 탑니까? 버스를

45. 당신은 / 낮잠을 잔다. / 점심시간 동안에
            take a nap   during the lunch time

Answer (답)

41. You know me.
42. Do you know me?
43. They take a bus.
44. Do they take a bus?
45. You take a nap during the lunch time.

DIAGRAM Practice DP

힌트를 보며 써 봐요!

일반동사 의문문
46. 당신은 / 낮잠을 잡니까? / 점심시간 동안에

47. 그들은 / 사용한다. / 젓가락들을
       use   chopsticks

일반동사 의문문
48. 그들은 / 사용합니까? / 젓가락들을

49. 당신은 / 삽니다. / 당신의 시부모님들과
       live   with your parents in law

일반동사 의문문
50. 당신은 / 삽니까? / 당신의 시부모님들과

Answer (답)

46. Do you take a nap during the lunch time?
47. They use chopsticks.
48. Do they use chopsticks?
49. You live with your parents in law.
50. Do you live with your parents in law?

DIAGRAM Practice DP

힌트를 보며 써 봐요!

51. 당신은 / 일한다. / 여기에서
    work   here

일반동사 의문문
52. 당신은 / 일합니까? / 여기에서

Answer (답)

51. You work here.
52. Do you work here?

One Day Lecture Special 눈사람들의 겉말 / 속말

DIAGRAM Practice DP 동시통역

> 힌트없이 한글을 보면서
> 동시통역을 해보세요~

1. 그녀는 / 슬프다.
2. 그녀는 / 슬픈가요?
3. (날씨) 비가 오고 있다. / 부산에는
4. (날씨) 비가 오고 있나요? / 부산에는
5. 그것은 / 사실이다.
6. 그것이 / 사실입니까?
7. 당신은 / 가지고 있다. / 회의를
8. 당신은 / 가지고 있나요? / 회의를
9. 당신은 / 말한다. / 일본어를
10. 당신은 / 말합니까? / 일본어를
11. 당신은 / 낀다 . / 안경을
12. 당신은 / 낍니까? / 안경을
13. 당신은 / 지루하다.
14. 당신은 / 지루합니까?
15. 당신은 / 피곤하다.
16. 당신은 / 피곤합니까?
17. 그녀는 / 놀랐었다.
18. 그녀는 / 놀랐었나요?
19. 그는 / 감동했었다.
20. 그는 / 감동했었나요?
21. 나는 / 긴장했다.
22. 내가 / 긴장했나요?
23. 그것들은 / 비싸다.
24. 그것들이 / 비싼가요?
25. 이것은 / 싸다.
26. 이것은 / 쌉니까?

DIAGRAM Practice 동시통역

1. She is sad.
2. Is she sad?
3. It's raining in Busan.
4. Is it raining in Busan?
5. It is true.
6. Is it true?
7. You have a meeting.
8. Do you have a meeting?
9. You speak Japanese.
10. Do you speak Japanese?
11. You wear glasses.
12. Do you wear glasses?
13. You are bored.
14. Are you bored?
15. You are tired.
16. Are you tired?
17. She was surprised.
18. Was she surprised?
19. He was touched.
20. Was he touched?
21. I am nervous.
22. Am I nervous?
23. They are expensive.
24. Are they expensive?
25. This is cheap.
26. Is this cheap?

DIAGRAM Practice DP 동시통역

> 힌트없이 한글을 보면서 동시통역을 해보세요~

27. 그것은 / 쉽다.
28. 그것이 / 쉽습니까?
29. 나는 / 배고프다.
30. 내가 / 배가 고픈가요?
31. 이 책은 / 흥미롭다.
32. 이 책은 / 흥미로운가요?
33. 당신은 / 필요로 한다. / 나의 도움을
34. 당신은 / 필요로 합니까? / 나의 도움을
35. 우리는 / 가지고 있다. / 충분한 시간을
36. 우리는 / 가지고 있습니까? / 충분한 시간을
37. 그들은 / 좋아한다. / 컴퓨터 게임들을
38. 그들은 / 좋아합니까? / 컴퓨터 게임들을
39. 당신은 / 즐긴다. / 타는 것을 / 자전거를
40. 당신은 / 즐깁니까? / 타는 것을 / 자전거를
41. 당신은 / 안다. / 나를
42. 당신은 / 압니까? / 나를
43. 그들은 / 탄다. / 버스를
44. 그들은 / 탑니까? / 버스를
45. 당신은 / 낮잠을 잔다. / 점심시간 동안에
46. 당신은 / 낮잠을 잡니까? / 점심시간 동안에
47. 그들은 / 사용한다. / 젓가락들을
48. 그들은 / 사용합니까? / 젓가락들을
49. 당신은 / 삽니다. / 당신의 시부모님들과
50. 당신은 / 삽니까? / 당신의 시부모님들과
51. 당신은 / 일한다. / 여기에서
52. 당신은 / 일합니까? / 여기에서

DIAGRAM Practice 동시통역

27. It is easy.
28. Is it easy?
29. I am hungry.
30. Am I hungry?
31. This book is interesting.
32. Is this book interesting?
33. You need my help.
34. Do you need my help?
35. We have enough time.
36. Do we have enough time?
37. They like computer games.
38. Do they like computer games?
39. You enjoy riding a bike.
40. Do you enjoy riding a bike?
41. You know me.
42. Do you know me?
43. They take a bus.
44. Do they take a bus?
45. You take a nap during the lunch time.
46. Do you take a nap during the lunch time?
47. They use chopsticks.
48. Do they use chopsticks?
49. You live with your parents in law.
50. Do you live with your parents in law?
51. You work here.
52. Do you work here?

90분으로 만나는 다이아그램의 정수

1 Day Lecture

워크북

워크북이란 One day Lecture 강의 영상에서 다루지 못했던 다양한 다이아그램과, 그 다이아그램을 통하여 340여개가 넘는 문장들을 Self - Study[셀프 스터디] 할 수 있는 교재입니다.

6. 동사집안들

One-Day Lecture

6편에서 아래 20문장을 포함해 총 42문장을 배울 거예요!

1. I live in Seoul.
2. I have many friends.
3. My dog sleeps on the sofa.
4. She works for the government.
5. My kids ride a bike every day.
6. I study English with Sheila.
7. I arrived at home around midnight.
8. He has a car.
9. She listens to music.
10. I talked on the phone with my friend for an hour.
11. I bought a nice shirt last weekend.
12. I take a shower in the evening.
13. We go to church every Sunday.
14. I asked a personal question.
15. I wash my hair every night.
16. His father died two years ago.
17. My daughter cried over and over in her room.
18. I wear earrings.
19. She got on the bus just now.
20. He hates me.

One Day Lecture

6. 동사집안들

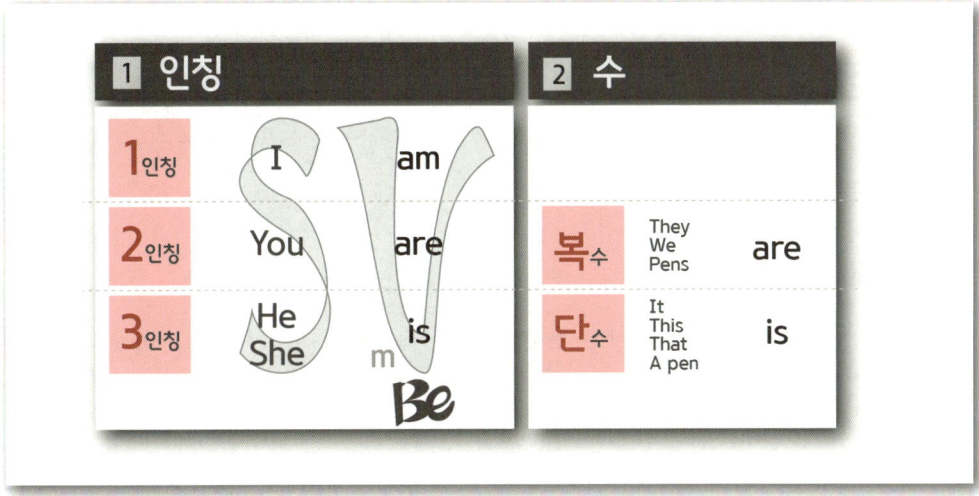

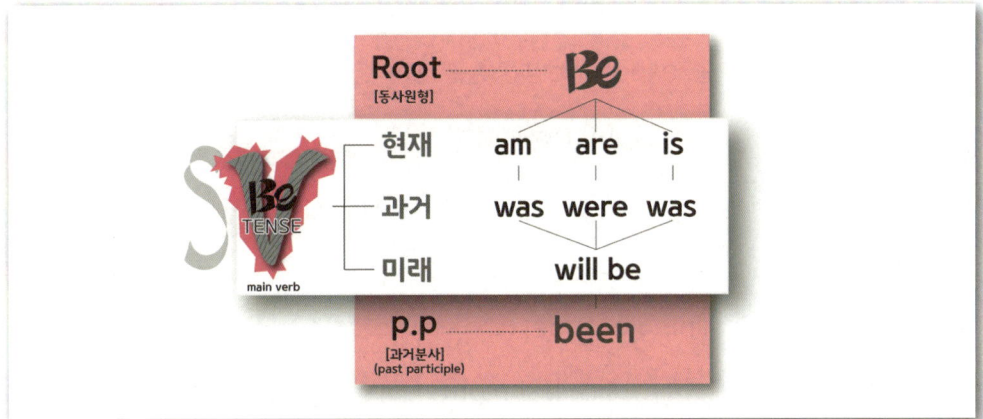

1. Be동사 집안

Be동사는 Root(뿌리)에 해당하는 'Be'라는 친구가 있고, Be동사 집안에는 'am, are, is'라는 세 명의 자식이 있다. 주어가 1인칭일 때는 'am', 2인칭일 때는 'are', 3인칭일 때는 'is'를 쓴다. 하나 더 기억하자면 'are'는 주어가 '복수'일 때 쓰이고, 'is'는 주어가 '단수' 일 때 쓰인다.
Be동사의 과거시제는 was와 were가 있고, 미래는 모두다 will be로 사용된다. 뒤에 준비된 문제풀이를 통해서 주어에 따른 Be동사의 '분류 및 시제별' 사용을 Practice해 보자!

6. 동사집안들

Mini TEST

'am, are, is, was, were, will be' 중에서 문장에 올바른 Be동사를 넣어보자.

① I **am** healthy. 나는 건강하다.

② She _____ weak. 그녀는 약하다.

③ I _____ a teacher **in the future**. 나는 될 것이다. 선생님이, 미래에

④ **He** _____ smart. 그는 똑똑하다.

⑤ **They** _____ angry. 그들은 화가 났다.

⑥ **We** _____ busy **yesterday**. 우리는 바빴다. 어제

⑦ **This** shirt _____ cheap. 이 셔츠는 싸다.

⑧ **These** _____ expensive. 이것들은 비싸다.

⑨ **It** _____ sunny **tomorrow**. (날씨가) 맑을 것이다. 내일은

⑩ **That** _____ my purse. 저것은 나의 지갑이다.

⑪ **Those** _____ yours. 저것들은 당신의 것이다.

⑫ **It** _____ raining outside. (날씨)비가 오고 있다. 밖은

⑬ **My father** _____ sick **last night**. 나의 아빠는 아팠다. 지난밤에

⑭ **They** _____ my students **last year**. 그들은 나의 학생들이었다. 작년에

⑮ **We** _____ rich **soon**. 우리는 부자가 될 것이다. 곧

Answer (답)

① am ② is ③ will be ④ is ⑤ are ⑥ were ⑦ is ⑧ are ⑨ will be ⑩ is
⑪ are ⑫ is ⑬ was ⑭ were ⑮ will be

Words

healthy [hélθi] 건강한 | weak [wiːk] 약한 | teacher [tíːtʃər] 선생님 | future [fjúːtʃər] 미래
smart [smaːrt] 똑똑한 | angry [ǽŋgri] 화난 | busy [bízi] 바쁜 | yesterday [jéstərdèi] 어제

6. 동사집안들

2. Be BFS

본동사가 Be동사인 문장의 문전한 구조(Full Structure)는 'S Be + BFS'의 구조를 가진다고 생각하자. BFS란? 학습율을 더 쉽게 하기 위해서 Be동사 뒤에 등장하는 모든 친구들을 하나로 묶어서 BFS(Best Friends)라고 코드화한 것이다. 'Be BFS'는 다이어그램과 함께 준비된 문장들을 실제 확인만 하고, '프리-다이어그램' 과정에서 자세히 만나보도록 하자.

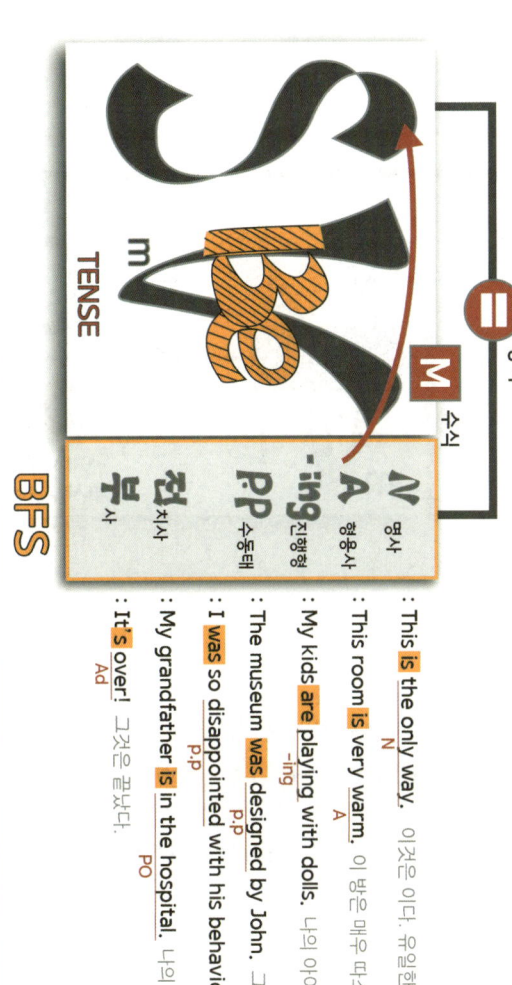

: This <u>is</u> the only way. 이것은 이다, 유일한 방법
　　　N
: This room <u>is</u> very warm. 이 방은 매우 따스하다.
　　　　　　　　A
: My kids <u>are</u> playing with dolls. 나의 아이들은 놀고 있다, 인형들과
　　　　　　-ing
: The museum <u>was</u> designed by John. 그 미술관은 디자인되어있었다, John에 의해서
　　　　　　　　　P.P
: I <u>was</u> so disappointed with his behavior. 나는 너무 실망했다, 그의 행동에
　　　　　　　P.P
: My grandfather <u>is</u> in the hospital. 나의 할아버지는 있다, 병원에
　　　　　　　　　　PO
: It's over! 그것은 끝났다.
　　Ad

Words
shirt [ʃəːrt] 셔츠 | cheap [tʃiːp] 싼 | expensive [ikspénsiv] 비싼 | sunny [sʌ́ni] 맑은 | tomorrow [təmɔ́ːrou] 내일 | purse [pəːrs] 지갑 | rain [rein] 비가 내리다 | outside [àutsáid] 밖의 | father [fɑ́ːðər] 아빠 | sick [sik] 아픈 | last night [læst nait] 지난 밤 | student [stjúːdnt] 학생 | rich [ritʃ] 부자인 | soon [suːn] 곧 | only [óunli] 유일한 | room [ruːm] 방 | very [véri] 매우 | warm [wɔːrm] 따뜻한 | kid [kid] 아이 | play [plei] 놀다 | doll [dɑl] 인형 | museum [mjuːzíːəm] 미술관 | design [dizáin] ~을 디자인하다 | by [bai] ~에 의해서 | so [sou] 매우 | disappoint [dìsəpɔ́int] 실망시키다 | behavior [bihéivjər] 행동 | grandfather [grǽndfɑ̀ːðər] 할아버지 | hospital [hɑ́spitl] 병원 | over [óuvər] 끝이 난

6. 동사집안들

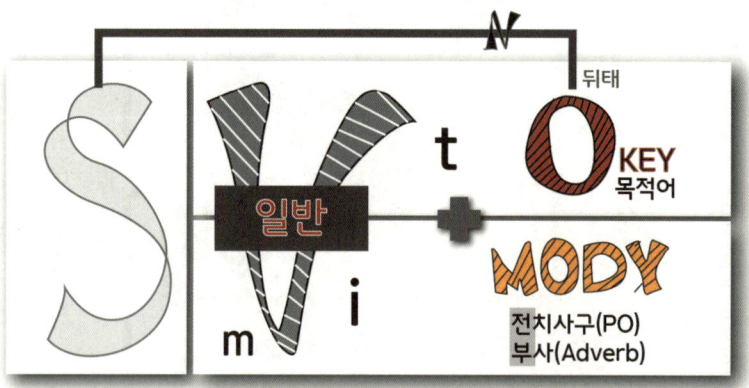

3. 일반동사 집안

'일반동사' 집안은 '타동사'와 '자동사'로 나뉜다. 이들은 분명 성격이 다른 친구들로 그 '구조적' 차이가 분명하다. 일반동사 뒤에 '누가 따라오느냐?'에 따라 즉, 일반동사의 '뒤태'에 따라서 '타'동사와 '자'동사로 구분된다. **타**인인, '목적어'를 취하는 동사를 '**타동사**'라 하고, 누구의 도움 없이 혼자서도 **자**립할 수 있는 동사를 '**자동사**'라 한다. 타동사는 타인에게 행위를 가하는 동사이기 때문에 대상자인 '목적어'가 필요하고, 자동사는 주어의 상태나 동작을 표현하는 동사로 목적어가 필요 없다. 한마디로, 일반동사 뒤의 목적어의 유무에 따라서 타, 자동사가 구분된다. 타동사 뒤에 오는 '목적어'는 구조적으로 지울 수 없는 '**명사, KEY**'이고, 자동사 뒤에 오는 '전치사구'나 '부사'는 시간이나, 장소 따위를 표현하는 양념어 '**MODY**'로 문장에서 지워도 구조적 하자가 없다.

💡 Vt : Verb **t**ransitive(타동사의) / Vi : Verb **i**ntransitive(자동사의)

Words

live [liv] 살다 | have [həv] ~을 가지다 | many [méni] 많은 | friend [frend] 친구 | dog [dɔːg] 강아지
sleep [sliːp] 자다 | sofa [sóufə] 소파 | work [wəːrk] 일하다 | government [gʌ́vərnmənt] 정부
kid [kid] 아이 | ride [raid] ~을 타다 | bike [baik] 자전거 | every day [évri dei] 매일
study [stʌ́di] ~을 공부하다 | English [íŋgliʃ] 영어 | arrive [əráiv] 도착하다 | home [houm] 집
around [əráund] ~쯤 | midnight [mídnàit] 자정 | car [kaːr] 자동차 | talk [tɔːk] 이야기하다
phone [foun] 전화 | hour [auər] 시간

194

6. 동사집안들

4. 타동사+KEY vs 자동사+MODY

영어는 S V O! '주어'와 '목적어' 역할을 하는 친구는 **명사**이다. 타동사 뒤에는 'KEY인 목적어'가 오고, 자동사 뒤에는 시간과 장소를 나타내는 전치사구, 부사 등의 'MODY'가 등장한다. 아래 준비된 일반동사의 **뒤태**를 확인하고 타동사(Vt+KEY)와 자동사(Vi+MODY)를 구분해보자.

Mini TEST

동사의 뒤태들을 확인한 후 '타동사'인지 '자동사'인지 선택하세요.

1. [타동사 / ⓐ자동사] I **live** in Seoul.
   MODY(전치사구)

2. [ⓐ타동사 / 자동사] I **have** many friends.
   KEY(목적어)

3. [타동사 / 자동사] My dog **sleeps** on the sofa.
   MODY(전치사구)

4. [타동사 / 자동사] She **works** for the government.
   MODY(전치사구)

5. [타동사 / 자동사] My kids **ride** a bike every day.
   KEY(목적어)

6. [타동사 / 자동사] I **study** English with Sheila.
   KEY(목적어)

7. [타동사 / 자동사] I **arrived** at home around midnight.
   MODY(전치사구)

8. [타동사 / 자동사] He **has** a car.
   KEY(목적어)

9. [타동사 / 자동사] I **talked** on the phone with my friend for an hour.
   MODY(전치사구)

Answer (답)
1. 자동사 2. 타동사 3. 자동사 4. 자동사 5. 타동사 6. 타동사 7. 자동사 8. 타동사 9. 자동사

6. 동사집안들

Mini TEST

동사의 뒤태들을 확인한 후 '타동사'인지 '자동사'인지 선택하세요.

10. [타동사 / 자동사] I **bought** a nice shirt last weekend.
    KEY(목적어)

11. [타동사 / 자동사] I **take** a shower in the evening.
    KEY(목적어)

12. [타동사 / 자동사] We **go** to church every Sunday.
    MODY(전치사구)

13. [타동사 / 자동사] I **asked** a personal question.
    KEY(목적어)

14. [타동사 / 자동사] I **wash** my hair every night.
    KEY(목적어)

15. [타동사 / 자동사] His father **died** two years ago.
    MODY(부사)

16. [타동사 / 자동사] My daughter **cried** over and over in her room.
    MODY(부사)

17. [타동사 / 자동사] I **wear** earrings.
    KEY(목적어)

18. [타동사 / 자동사] She **got** on the bus just now.
    MODY(전치사구)

워크북 6

Answer (답)

10. 타동사 11. 타동사 12. 자동사 13. 타동사 14. 타동사 15. 자동사 16. 자동사 17. 타동사
18. 자동사

Words

buy[bai]-bought[bɔːt]-bought[bɔːt] ~을 사다 | nice [nais] 좋은 | shirt [ʃəːrt] 셔츠
last weekend [læst wiːkend] 지난 주말 | take a shower [teik ə ʃáuər] 샤워를 하다 | evening [íːvniŋ] 밤
go [gou] 가다 | church [tʃəːrtʃ] 교회 | Sunday [sʌ́ndei] 일요일 | ask [æsk] ~을 물어보다
personal [pə́rsənl] 개인적인 | question [kwéstʃən] 질문 | wash [waʃ] 씻다 | hair [hɛər] 머리카락
die[dai]-died[daid]-died[daid] 죽다 | ago [əgóu] 전에 | daughter [dɔ́ːtər] 딸 | cry [krai] 울다
over and over [óuvər ənd óuvər] 계속해서 | wear [wɛər] ~을 착용하다 | earring [íərrɪŋ] 귀걸이
get on the bus [get ən ðə bʌs] 버스에 타다 | just now [dʒʌst nau] 방금 전에

6. 동사집안들

Mini TEST

동사의 뒤태들을 확인한 후 '타동사'인지 '자동사'인지 선택하세요.

19. [타동사 / 자동사] He **hates** me.
    KEY(목적어)

20. [타동사 / 자동사] I **finished** my homework last night.
    KEY(목적어)

21. [타동사 / 자동사] It **happened** three years ago.
    MODY(부사)

22. [타동사 / 자동사] He **smiled** at me.
    MODY(전치사구)

23. [타동사 / 자동사] I **learned** many things from you.
    KEY(목적어)

24. [타동사 / 자동사] We **agree** with your opinion.
    MODY(전치사구)

25. [타동사 / 자동사] He **runs** very fast.
    MODY(부사)

26. [타동사 / 자동사] We **work** hard.
    MODY(부사)

27. [타동사 / 자동사] I **love** my family more than anything else.
    KEY(목적어)

Answer (답)

19. 타동사 20. 타동사 21. 자동사 22. 자동사 23. 타동사 24. 자동사 25. 자동사 26. 자동사
27. 타동사

Words

hate [heit] ~을 싫어하다 | finish [fíniʃ] ~을 마치다 | homework [hóumwəːrk] 숙제
last night [læst nait] 지난 밤 | happen [hǽpən] 발생하다 | smile [smail] 웃다 | learn [ləːrn] ~을 배우다
many [méni] 많은 | thing [θiŋ] 것 | agree [əgríː] 동의하다 | opinion [əpínjən] 의견 | run [rʌn] 뛰다
very [véri] 매우 | fast [fæst] 빨리 | work [wəːrk] 일하다 | hard [haːrd] 열심히
more than [mɔːr ðən] ~보다 더 | anything [éniθiŋ] 무엇이든 | else [els] 더

6. 동사집안들

단어를 익히고 문장도 해석해 보세요!

1. I live in Seoul. 나는 삽니다. 서울에
2. I have many friends. 나는 가지고 있습니다. 많은 친구들을
3. My dog sleeps on the sofa. 나의 강아지는 잡니다. 소파에서
4. She works for the government. 그녀는 일합니다. 정부를 위해 = 공무원입니다.
5. My kids ride a bike every day. 나의 아이들은 탑니다. 자전거를, 매일
6. I study English with Sheila. 나는 공부합니다. 영어를, 쉴라와 함께
7. I arrived at home around midnight. 나는 도착했습니다. 집에, 자정쯤에
8. He has a car. 그는 가지고 있습니다. 차를
9. I talked on the phone with my friend for an hour.
    나는 통화했습니다. 나의 친구와, 한시간 동안
10. I bought a nice shirt last weekend. 나는 샀습니다. 좋은 셔츠를, 지난 주말에
11. I take a shower in the evening. 나는 샤워합니다. 밤에
12. We go to church every Sunday. 우리는 갑니다. 교회에, 매주 일요일마다
13. I asked a personal question. 나는 물었습니다. 개인적인 질문을

Words

live [liv] 살다 | have [həv] ~을 가지다 | many [méni] 많은 | friend [frend] 친구 | dog [dɔːg] 강아지
sleep [sliːp] 자다 | sofa [sóufə] 소파 | work [wəːrk] 일하다 | government [gʌ́vərnmənt] 정부
kid [kid] 아이 | ride [raid] ~을 타다 | bike [baik] 자전거 | every day [évri dei] 매일
study [stʌ́di] ~을 공부하다 | English [íŋgliʃ] 영어 | arrive [əráiv] 도착하다 | home [houm] 집
around [əráund] ~쯤 | midnight [mídnàit] 자정 | car [kaːr] 자동차 | talk [tɔːk] 이야기하다
phone [foun] 전화 | hour [auər] 시간 | buy[bai]-bought[bɔːt]-bought[bɔːt] ~을 사다 | nice [nais] 좋은
shirt [ʃəːrt] 셔츠 | last weekend [læst wiːkend] 지난 주말 | take a shower [teik ə ʃáuər] 샤워를 하다
evening [íːvniŋ] 밤 | go [gou] 가다 | church [tʃəːrtʃ] 교회 | Sunday [sʌ́ndei] 일요일
ask [æsk] ~을 물어보다 | personal [pə́rsənl] 개인적인 | question [kwéstʃən] 질문 | wash [waʃ] 씻다
hair [hɛər] 머리카락

6. 동사집안들

14. I wash my hair every night. 나는 감는다. 나의 머리를, 매일 밤
15. His father died two years ago. 그의 아버지는 돌아가셨다. 2년 전에
16. My daughter cried over and over in her room. 나의 딸은 울었다. 계속해서, 그녀의 방에서
17. I wear earrings. 나는 한다. 귀걸이를
18. She got on the bus just now. 그녀는 탔다. 버스에, 방금 전에
19. He hates me. 그는 싫어한다. 나를
20. I finished my homework last night. 나는 마쳤다. 나의 숙제를, 지난밤에
21. It happened three years ago. 그것은 일어났다. 3년 전에
22. He smiled at me. 그는 웃었다. 나를 보고
23. I learned many things from you. 나는 배웠다. 많은 것들을, 당신으로 부터
24. We agree with your opinion. 우리는 동의한다. 당신의 의견에
25. He runs very fast. 그는 뛴다. 매우 빠르게
26. We work hard. 우리는 일한다. 열심히
27. I love my family more than anything else. 나는 사랑한다. 나의 가족을, 더, 그 무엇보다

Words

die [dai]-died [daid]-died [daid] 죽다 | ago [əgóu] 전에 | daughter [dɔ́:tər] 딸 | cry [krai] 울다
over and over [óuvər ənd óuvər] 계속해서 | wear [wɛər] ~을 착용하다 | earring [íərrɪŋ] 귀걸이
get on the bus [get ɑn ðə bʌs] 버스에 타다 | just now [dʒʌst nau] 방금 전에 | hate [heit] ~을 싫어하다
finish [fíniʃ] ~을 마치다 | homework [hóumwə:rk] 숙제 | last night [læst nait] 지난 밤
happen [hǽpən] 발생하다 | smile [smail] 웃다 | learn [lə:rn] ~을 배우다 | many [méni] 많은
thing [θiŋ] 것 | agree [əgríː] 동의하다 | opinion [əpínjən] 의견 | run [rʌn] 뛰다 | very [véri] 매우
fast [fæst] 빨리 | work [wə:rk] 일하다 | hard [hɑ:rd] 열심히 | more than [mɔ:r ðən] ~보다 더
anything [éniθiŋ] 무엇이든 | else [els] 더

DIAGRAM Practice DP

힌트를 보며 써 봐요!

1. 나는 / 건강하다.
   healthy

2. 그녀는 / 약하다.
   weak

3. 나는 / 될 것이다. / 선생님이 / 미래에
        will be   a teacher   in the future

4. 그는 / 똑똑하다.
   smart

5. 그들은 / 화가 났다.
   angry

Answer (답)

1. I am healthy.
2. She is weak.
3. I will be a teacher in the future.
4. He is smart.
5. They are angry.

DIAGRAM Practice DP

힌트를 보며 써 봐요!

6. 우리는 / 바빴다. / 어제
   　　　busy　　yesterday

7. 이 셔츠는 / 싸다.
   This shirt　cheap

8. 이것들은 / 비싸다.
   These　　expensive

9. (날씨가) 맑을 것이다. / 내일은
   It　　will be sunny　tomorrow

10. 저것은 / 나의 지갑이다.
    　　　　my purse

Answer (답)

6. We were busy yesterday.
7. This shirt is cheap.
8. These are expensive.
9. It will be sunny tomorrow.
10. That is my purse.

DIAGRAM Practice DP

힌트를 보며 써 봐요!

11. 저것들은 / 당신의 것이다.
    Those   yours

12. (날씨) 비가 오고 있다. / 밖은
    It   be raining   outside

13. 나의 아빠는 / 아팠다. / 지난밤에
    father   sick   last night

14. 그들은 / 나의 학생들이었다. / 작년에
    my students   last year

15. 우리는 / 부자가 될 것이다. / 곧
    will be rich   soon

Answer (답)

11. Those are yours.
12. It is raining outside.
13. My father was sick last night.
14. They were my students last year.
15. We will be rich soon.

DIAGRAM Practice DP

힌트를 보며 써 봐요!

16. 나는 / 삽니다. / 서울에
    　　 live　　　in Seoul

17. 나는 / 가지고 있습니다. / 많은 친구들을
    　　 have　　　　　　 many friends

18. 3인칭 나의 강아지는 / 잡니다. / 소파에서
    단추　　　　　　　 sleeps　 on the sofa

19. 3인칭 그녀는 / 일합니다. / 정부를 위해 = 공무원입니다.
    단추　　　　 works　　　 for the government

20. 나의 아이들은 / 탑니다. / 자전거를 / 매일
     kids　　　　ride　　 a bike　　every day

Answer (답)

16. I live in Seoul.
17. I have many friends.
18. My dog <u>sleeps</u> on the sofa.
19. She <u>works</u> for the government.
20. My kids ride a bike every day.

DIAGRAM Practice DP

힌트를 보며 써 봐요!

21. 나는 / 공부합니다. / 영어를 / 쉴라와 함께
    　　　　study　　　English　with Sheila

22. 나는 / 도착했습니다. / 집에 / 자정쯤에
    　　　　arrived　　　at home　around midnight

23. 그는 / 가지고 있습니다. / 차를
    　　　has　　　　　　　car

24. 나는 / 통화했습니다. / 나의 친구와 / 한시간 동안
    　　　talked on the phone　　　　for an hour

25. 나는 / 샀습니다. / 좋은 셔츠를 / 지난 주말에
    　　　bought　　a nice shirt　last weekend

Answer (답)

21. I study English with Sheila.
22. I arrived at home around midnight.
23. He has a car.
24. I talked on the phone with my friend for an hour.
25. I bought a nice shirt last weekend.

DIAGRAM Practice DP

힌트를 보며 써 봐요!

26. 나는 / 샤워합니다. / 밤에
           take a shower in the evening

27. 우리는 / 갑니다. / 교회에 / 매주 일요일마다
           go   to church every Sunday

28. 나는 / 물었습니다. / 개인적인 질문을
           asked   a personal question

29. 나는 / 감는다. / 나의 머리를 / 매일 밤
           wash   my hair   every night

30. 그의 아버지는 / 돌아가셨다. / 2년 전에
           died   two years ago

워크북 **6**

Answer (답)

26. I take a shower in the evening.
27. We go to church every Sunday.
28. I asked a personal question.
29. I wash my hair every night.
30. His father died two years ago.

DIAGRAM Practice DP

힌트를 보며 써 봐요!

31. 나의 딸은 / 울었다. / 계속해서 / 그녀의 방에서
    My daughter cried   over and over

32. 나는 / 한다. / 귀걸이를
    wear   earrings

33. 그녀는 / 탔다. / 버스에 / 방금 전에
    got   on the bus just now

34. 3인칭 그는 / 싫어한다. / 나를
    단수   hates

35. 나는 / 마쳤다. / 나의 숙제를 / 지난밤에
    finished   my homework

Answer (답)

31. My daughter cried over and over in her room.
32. I wear earrings.
33. She got on the bus just now.
34. He hates me.
35. I finished my homework last night.

DIAGRAM Practice DP

힌트를 보며 써 봐요!

36. 그것은 / 일어났다. / 3년 전에
    　　　　happened　three year ago

37. 그는 / 웃었다. / 나를 보고
    　　　smiled　　at me

38. 나는 / 배웠다. / 많은 것들을 / 당신으로 부터
    　　　learned　many things　from

39. 우리는 / 동의한다. / 당신의 의견에
    　　　　agree　　with your opinion

40. 3인칭 그는 / 뛴다. / 매우 빠르게
    　　　　　 runs　 very fast

Answer (답)

36. It happened three years ago.
37. He smiled at me.
38. I learned many things from you.
39. We agree with your opinion.
40. He runs very fast.

워크북 6

DIAGRAM Practice DP

힌트를 보며 써 봐요!

41. 우리는 / 일한다. / 열심히
    　　　　work　　hard

42. 나는 / 사랑한다. / 나의 가족을 / 더 / 그 무엇보다
    　　　　　　　　　family more than anything else

Answer (답)

41. We work hard.
42. I love my family more than anything else.

One Day Lecture Special 눈사람들의 겉말 / 속말

CARTOON

DIAGRAM Practice DP 동시통역

> 힌트없이 한글을 보면서
> 동시통역을 해보세요~

1. 나는 / 건강하다.
2. 그녀는 / 약하다.
3. 나는 / 될 것이다. / 선생님이 / 미래에
4. 그는 / 똑똑하다.
5. 그들은 / 화가 났다.
6. 우리는 / 바빴다. / 어제
7. 이 셔츠는 / 싸다.
8. 이것들은 / 비싸다.
9. (날씨가) 맑을 것이다. / 내일은
10. 저것은 / 나의 지갑이다.
11. 저것들은 / 당신의 것이다.
12. (날씨) 비가 오고 있다. / 밖은
13. 나의 아빠는 / 아팠다. / 지난밤에
14. 그들은 / 나의 학생들이었다. / 작년에
15. 우리는 / 부자가 될 것이다. / 곧
16. 나는 / 삽니다. / 서울에
17. 나는 / 가지고 있습니다. / 많은 친구들을
18. 나의 강아지는 / 잡니다. / 소파에서
19. 그녀는 / 일합니다. / 정부를 위해
20. 나의 아이들은 / 탑니다. / 자전거를 / 매일
21. 나는 / 공부합니다. / 영어를 / 쉴라와 함께
22. 나는 / 도착했습니다. / 집에 / 자정쯤에
23. 그는 / 가지고 있습니다. / 차를
24. 나는 / 통화했습니다. / 나의 친구와 / 한시간 동안
25. 나는 / 샀습니다. / 좋은 셔츠를 / 지난 주말에
26. 나는 / 샤워합니다. / 밤에
27. 우리는 / 갑니다. / 교회에 / 매주 일요일마다
28. 나는 / 물었습니다. / 개인적인 질문을
29. 나는 / 감는다. / 나의 머리를 / 매일 밤
30. 그의 아버지는 / 돌아가셨다. / 2년 전에
31. 나의 딸은 / 울었다. / 계속해서 / 그녀의 방에서
32. 나는 / 한다. / 귀걸이를
33. 그녀는 / 탔다. / 버스에 / 방금 전에
34. 그는 / 싫어한다. / 나를
35. 나는 / 마쳤다. / 나의 숙제를 / 지난밤에
36. 그것은 / 일어났다. / 3년 전에
37. 그는 / 웃었다. / 나를 보고
38. 나는 / 배웠다. / 많은 것들을 / 당신으로 부터
39. 우리는 / 동의한다. / 당신의 의견에
40. 그는 / 된다. / 매우 빠르게
41. 우리는 / 일한다. / 열심히
42. 나는 / 사랑한다. / 나의 가족을 / 더 / 그 무엇보다

워크북
6

DIAGRAM Practice DP 동시통역

1. I am healthy.
2. She is weak.
3. I will be a teacher in the future.
4. He is smart.
5. They are angry.
6. We were busy yesterday.
7. This shirt is cheap.
8. These are expensive.
9. It will be sunny tomorrow.
10. That is my purse.
11. Those are yours.
12. It is raining outside.
13. My father was sick last night.
14. They were my students last year.
15. We will be rich soon.
16. I live in Seoul.
17. I have many friends.
18. My dog <u>sleeps</u> on the sofa.
19. She <u>works</u> for the government.
20. My kids ride a bike every day.
21. I study English with Sheila.
22. I arrived at home around midnight.
23. He <u>has</u> a car.
24. I talked on the phone with my friend for an hour.
25. I bought a nice shirt last weekend.
26. I take a shower in the evening.
27. We go to church every Sunday.
28. I asked a personal question.
29. I wash my hair every night.
30. His father died two years ago.
31. My daughter cried over and over in her room.
32. I wear earrings.
33. She got on the bus just now.
34. He <u>hates</u> me.
35. I finished my homework last night.
36. It happened three years ago.
37. He smiled at me.
38. I learned many things from you.
39. We agree with your opinion.
40. He <u>runs</u> very fast.
41. We work hard.
42. I love my family more than anything else.

워크북 6

90분으로 만나는 다이아그램의 정수

1 Day Lecture

7

워크북

워크북이란 One day Lecture 강의 영상에서 다루지 못했던 다양한 다이아그램과, 그 다이아그램을 통하여 340여개가 넘는 문장들을 Self - Study[셀프 스터디] 할 수 있는 교재입니다.

7. 의문문 만들어 보기

One-Day Lecture

7

★ 7편에서 아래 32문장을 포함해 총 60문장을 배울 거예요!

1. It's cloudy today.
2. Is it cloudy today?
3. It's not cloudy today.
4. It's windy today.
5. Is it windy today?
6. It's not windy today.
7. It was cold yesterday.
8. Was it cold yesterday?
9. It was not cold yesterday.
10. It's warm inside.
11. Is it warm inside?
12. It's not warm inside.
13. It's too hot outside.
14. Is it too hot outside?
15. It's not too hot outside.
16. It's foggy in London.
17. Is it foggy in London?
18. It's not foggy in London.
19. It's Friday today.
20. Is it Friday today?
21. It's not Friday today.
22. They are soldiers.
23. Are they soldiers?
24. They are not soldiers.
25. He is poor.
26. Is he poor?
27. He is not poor.
28. We are rich.
29. Are we rich?
30. We are not rich.
31. You get up early.
32. Do you get up early?

One Day Lecture

7. 의문문 만들어 보기

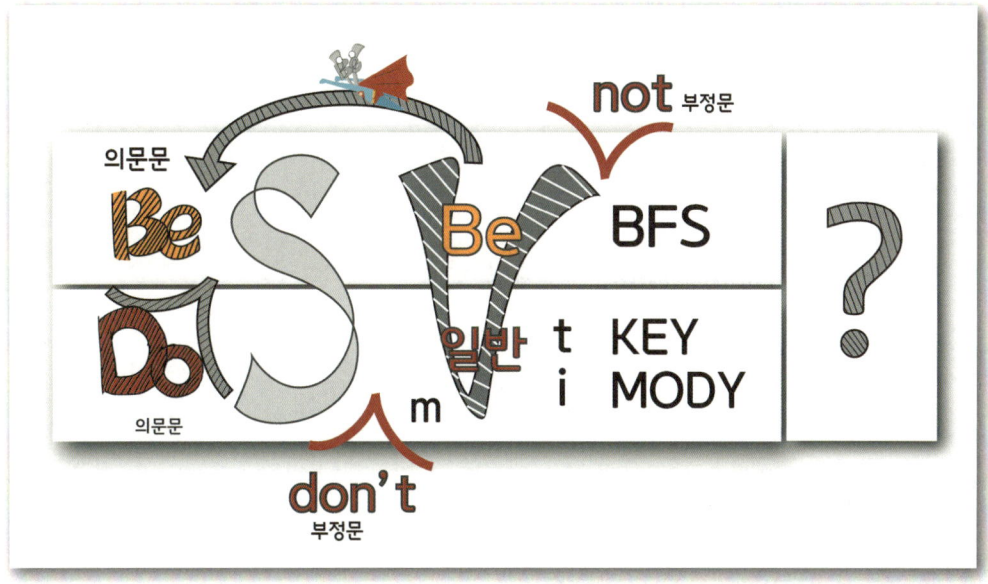

1. Be동사 vs 일반동사 : 의문문과 부정문

Be동사 '부정문'은 Be 뒤에! Be 뒤에! not을 넣어 만들고, Be동사 '의문문'은 앞서 확인했듯이 누구의 도움도 필요 없이 슈퍼맨 'Be동사가 주어 앞으로 이동'하여 만들어진다. 이에 반해, 일반동사 '부정문'은 Be동사와는 반대로 일반동사 앞에! 일반동사 앞에! don't를 넣어 만들고, '의문문'은 주어 앞에! 주어 앞에! 영어 회화의 일등공신인 'Do'를 넣어 만든다.

Practice Makes Perfect 연습이 만든다. 완벽함을

One Day Lecture

2. Be동사 기능문

평서문	It's cloudy today. 구름이 꼈다. 오늘은
부정문	It's **not** cloudy today. 구름이 끼지 않았다. 오늘은
의문문	**Is** it cloudy today? 구름이 꼈나요? 오늘은

평서문	It's windy today. 바람이 분다. 오늘은
부정문	It's **not** windy today. 바람이 불지 않는다. 오늘은
의문문	**Is** it windy today? 바람이 붑니까? 오늘은

평서문	It was cold yesterday. 추웠다. 어제는
부정문	It was **not** cold yesterday. 춥지 않았다. 어제는
의문문	**Was** it cold yesterday? 추웠나요? 어제는

평서문	It's cloudy today. 구름이 꼈다. 오늘은
부정문	It's **not** cloudy today. 구름이 끼지 않았다. 오늘은
의문문	**Is** it cloudy today? 구름이 꼈나요? 오늘은

평서문	It's warm inside. 따스하다. 안은
부정문	It's **not** warm inside. 따스하지 않다. 안은
의문문	**Is** it warm inside? 따스한가요? 안은

워크북 7

Words

cloudy [kláudi] 구름이 낀 | windy [wíndi] 바람이 부는 | cold [kould] 추운 | warm [wɔːrm] 따뜻한
inside [insáid] 안의 | too [tuː] 너무 | hot [hat] 더운 | outside [áutsáid] 밖의 | foggy [fɔ́ːgi] 안개가 낀
Friday [fráidei] 금요일 | today [tədéi] 오늘 | soldier [sóuldʒər] 군인 | poor [puər] 가난한 | rich [ritʃ] 부자인

Practice Makes Perfect 연습이 만든다. 완벽함을

PMP One Day Lecture

평서문	It's too hot outside. 너무 덥다. 밖은
부정문	It's **not** too hot outside. 너무 덥지 않다. 밖은
의문문	**Is** it too hot outside? 너무 덥나요? 밖은

평서문	It's foggy in London. 안개가 꼈다. 런던은
부정문	It's **not** foggy in London. 안개가 끼지 않았다. 런던은
의문문	**Is** it foggy in London? 안개가 꼈나요? 런던은

평서문	It's Friday today. 금요일이다. 오늘은
부정문	It's **not** Friday today. 금요일이 아니다. 오늘은
의문문	**Is** it Friday today? 금요일인가요? 오늘은

평서문	They are soldiers. 그들은 이다. 군인들
부정문	They are **not** soldiers. 그들은 아니다. 군인들이
의문문	**Are** they soldiers? 그들은 입니까? 군인들

평서문	He is poor. 그는 가난하다.
부정문	He is **not** poor. 그는 가난하지않다.
의문문	**Is** he poor? 그는 가난한가요?

평서문	We are rich. 우리는 부자다.
부정문	We are **not** rich. 우리는 부자가 아니다.
의문문	**Are** we rich? 우리가 부자인가요?

워크북 **7**

3. 일반동사 기능문

평서문	You **get up** early. 당신은 일어난다. 일찍
부정문	You **don't get up** early. 당신은 일어나지 않는다. 일찍
의문문	**Do** you **get up** early? 당신은 일어납니까? 일찍

평서문	You **live** near here. 당신은 산다. 이 근처에
부정문	You **don't live** near here. 당신은 살지않는다. 이 근처에
의문문	**Do** you **live** near here? 당신은 삽니까? 이 근처에

평서문	They **sing** well. 그들은 노래 부른다. 잘
부정문	They **don't sing** well. 그들은 노래 부르지 못한다. 잘
의문문	**Do** they **sing** well? 그들은 노래 부릅니까? 잘

평서문	You **smoke**. 당신은 담배 핀다.
부정문	You **don't smoke**. 당신은 담배 피지 않는다.
의문문	**Do** you **smoke**? 당신은 담배 핍니까?

평서문	They **keep** in touch. 그들은 연락한다.
부정문	They **don't keep** in touch. 그들은 연락하지 않습니다.
의문문	**Do** they **keep** in touch? 그들은 연락합니까?

Practice Makes Perfect 연습이 만든다. 완벽함을

[PMP] One Day Lecture

평서문	You **drive**. 당신은 운전한다.
부정문	You **don't drive**. 당신은 운전하지 않는다.
의문문	**Do** you **drive**? 당신은 운전합니까?
평서문	They **have** a special plan. 그들은 가지고 있다. 특별한 계획을
부정문	They **don't have** a special plan. 그들은 가지고 있지 않다. 특별한 계획을
의문문	**Do** they **have** a special plan? 그들은 가지고 있습니까? 특별한 계획을
평서문	You **catch** a cold easily. 당신은 걸린다. 감기를, 쉽게
부정문	You **don't catch** a cold easily. 당신은 걸리지 않는다. 감기를, 쉽게
의문문	**Do** you **catch** a cold easily? 당신은 걸립니까? 감기를, 쉽게
평서문	We **have** a choice. 우리는 가지고 있다. 선택(권)을
부정문	We **don't have** a choice. 우리는 가지고 있지 않다. 선택(권)을
의문문	**Do** we **have** a choice? 우리는 가지고 있나요? 선택(권)을
평서문	You **have** a fever. 당신은 가지고 있다. 열을 (=열이 난다)
부정문	You **don't have** a fever. 당신은 가지고 있지 않다. 열을
의문문	**Do** you **have** a fever? 당신은 가지고 있나요? 열을

워크북 **7**

Words

get up [get ʌp] 일어나다 | early [ə́ːrli] 일찍 | live [liv] 살다 | near here [niər hiər] 이 근처에
sing [siŋ] 노래 부르다 | well [wel] 잘 | smoke [smouk] 담배를 피우다 | keep in touch [kiːp in tʌtʃ] 연락하다
drive [draiv] 운전하다 | have [həv] ~을 가지다 | special [spéʃəl] 특별한 | plan [plæn] 계획
catch a cold [kætʃ ə kould] 감기에 걸리다 | choice [tʃɔis] 선택(권) | fever [fíːvər] 열

7. 의문문 만들어 보기

> 관련 다이아그램 : **비인칭 주어**

1. 비인칭 주어? It!

비인칭 주어 'It'은 '사람 이외의 것'을 칭하는 주어이다. 영어로 '날씨, 시간, 요일, 거리, 명암' 등을 표현하고자 할 때 주저하지 말고 'It'을 머릿속에서 먼저 꺼내는 습관을 기르자! 이때 '거리'는 'street'이 아닌, '멀고, 가까움'의 **공간**의 거리를 뜻한다. 친구와 '날씨'를 얘기하려면? It~ 부터! 말하기! 그 외에 It의 다양한 쓰임은 뒤에서 정리해보자.

2. Word-Play 코너

It이 주어로 쓰일 때를 쉽고, 재미있게 기억하기 위해서 다음의 문장을 상상해보자!

비오는 일요일 오후3시 거리는 어둡다.
날씨   요일   시간   거리   명암

7. 의문문 만들어 보기

3. Practice Makes Perfect

'It'과 함께 하는 '날씨, 시간, 명암, 거리, 요일' 등의 표현을 문장에서 만나보자. 이때 문장 속 주어인 It은 특별히 해석하지 않는다.

'비인칭'은 '사람 이외의 것을 칭함'의 의미로 사람이 아닌 '날씨, 요일, 시간, 명암, 거리' 등의 주어로 사용되는 친구이다.

날씨	It's cold outside. 춥다. 밖은
요일	It's Sunday today. 일요일이다. 오늘은
시간	It's 3 o'clock now. 3시다. 지금은
명암	It's dark here. 어둡다. 여기는
거리	It takes 20 minutes from here to my house. 20분 걸린다. 여기부터, 우리 집까지는

💡 from A to B : A에서 B까지 * take 시간 : (시간이) 걸리다.

비인칭 주어 'It'의 또 다른 다양한 쓰임은 Pre-DIAGRAM에서 자세히 만나보자.

Words

cold [kould] 추운 | outside [áutsáid] 밖의 | Sunday [sʌ́ndei] 일요일 | today [tədéi] 오늘
o'clock [əklák] 시 | dark [daːrk] 어두운 | here [hiər] 여기 | take [teik] (시간이) 걸리다 | minute [mínit] 분
from [frəm] ...에서

DIAGRAM Practice DP

힌트를 보며 써 봐요!

1. (날씨) 구름이 꼈다. / 오늘은
   It   cloudy   today

   Be 동사 의문문
2. (날씨) 구름이 꼈나요? / 오늘은
   it

   Be 동사 부정문
3. (날씨) 구름이 끼지 않았다. / 오늘은
   It

4. (날씨) 바람이 분다. / 오늘은
   It   windy

   Be 동사 의문문
5. (날씨) 바람이 붑니까? / 오늘은
   it

Answer (답)

1. It's cloudy today.
2. Is it cloudy today?
3. It's not cloudy today.
4. It's windy today.
5. Is it windy today?

DIAGRAM Practice DP

힌트를 보며 써 봐요!

Be 동사 부정문
6. (날씨) 바람이 불지 않는다. / 오늘은
   It

Be 동사
7. (날씨) 추웠다. / 어제는
   It   cold   yesterday

Be 동사 의문문
8. (날씨) 추웠나요? / 어제는
   it

Be 동사 부정문
9. (날씨) 춥지 않았다. / 어제는
   It

10. (날씨) 따스하다. / 안은
    It   warm   inside

Answer (답)

6. It's not windy today.
7. It was cold yesterday.
8. Was it cold yesterday?
9. It was not cold yesterday.
10. It's warm inside.

DIAGRAM Practice DP

힌트를 보며 써 봐요!

Be 동사 의문문
11. (날씨) 따스한가요? / 안은
    it   warm   inside

Be 동사 부정문
12. (날씨) 따스하지 않다. / 안은
    It

13. (날씨) 너무 덥다. / 밖은
    It   too hot   outside

Be 동사 의문문
14. (날씨) 너무 덥나요? / 밖은
    it

워크북 7

Be 동사 부정문
15. (날씨) 너무 덥지 않다. / 밖은
    It

Answer (답)

11. Is it warm inside?
12. It's not warm inside.
13. It's too hot outside.
14. Is it too hot outside?
15. It's not too hot outside.

DIAGRAM Practice DP

힌트를 보며 써 봐요!

16. (날씨) 안개가 꼈다. / 런던은
    It   foggy   in London

Be 동사 의문문
17. (날씨) 안개가 꼈나요? / 런던은
    it

Be 동사 부정문
18. (날씨) 안개가 끼지 않았다. / 런던은
    It

19. (요일) 금요일이다. / 오늘은
    It   Friday   today

Be 동사 의문문
20. (요일) 금요일인가요? / 오늘은
    it

Answer (답)

16. It's foggy in London.
17. Is it foggy in London?
18. It's not foggy in London.
19. It's Friday today.
20. Is it Friday today?

DIAGRAM Practice DP

힌트를 보며 써 봐요!

Be 동사 부정문
21. (요일) 금요일이 아니다. / 오늘은
    It   Friday   today

22. 그들은 이다. / 군인들
              soldiers

Be 동사 의문문
23. 그들은 입니까? / 군인들

Be 동사 부정문
24. 그들은 아니다. / 군인들이

25. 그는 / 가난하다.
         poor

Answer (답)

21. It's not Friday today.
22. They are soldiers.
23. Are they soldiers?
24. They are not soldiers.
25. He is poor.

DIAGRAM Practice DP

힌트를 보며 써 봐요!

Be 동사 의문문
26. 그는 / 가난한가요?

Be 동사 부정문
27. 그는 / 가난하지않다.

28. 우리는 / 부자다.
       rich

Be 동사 의문문
29. 우리가 / 부자인가요?

Be 동사 부정문
30. 우리는 / 부자가 아니다.

워크북 7

Answer (답)

26. Is he poor?
27. He is not poor.
28. We are rich.
29. Are we rich?
30. We are not rich.

DIAGRAM Practice DP

힌트를 보며 써 봐요!

31. 당신은 / 일어난다. / 일찍
        get up   early

일반동사 의문문
32. 당신은 / 일어납니까? / 일찍

일반동사 부정문
33. 당신은 / 일어나지 않는다. / 일찍

34. 당신은 / 산다. / 이 근처에
        live   near here

일반동사 의문문
35. 당신은 / 삽니까? / 이 근처에

Answer (답)

31. You get up early.
32. Do you get up early?
33. You don't get up early.
34. You live near here.
35. Do you live near here?

DIAGRAM Practice DP

힌트를 보며 써 봐요!

일반동사 부정문
36. 당신은 / 살지않는다. / 이 근처에

37. 그들은 / 노래 부른다. / 잘
                      sing   well

일반동사 의문문
38. 그들은 / 노래 부릅니까? / 잘

일반동사 부정문
39. 그들은 / 노래 부르지 못한다. / 잘

40. 당신은 / 담배 핀다.
                  smoke

Answer (답)

36. You don't live near here.
37. They sing well.
38. Do they sing well?
39. They don't sing well.
40. You smoke.

DIAGRAM Practice DP

힌트를 보며 써 봐요!

일반동사 의문문
41. 당신은 / 담배 핍니까?
    smoke

일반동사 부정문
42. 당신은 / 담배 피지 않는다.

43. 그들은 / 연락한다.
    keep in touch

일반동사 의문문
44. 그들은 / 연락합니까?

일반동사 부정문
45. 그들은 / 연락하지 않습니다.

Answer (답)

41. Do you smoke?
42. You don't smoke.
43. They keep in touch.
44. Do they keep in touch?
45. They don't keep in touch.

DIAGRAM Practice DP

힌트를 보며 써 봐요!

46. 당신은 / 운전한다.
    　　　　　drive

일반동사 의문문
47. 당신은 / 운전합니까?

일반동사 부정문
48. 당신은 / 운전하지 않는다.

49. 그들은 / 가지고 있다. / 특별한 계획을
    　　　　have　　　　　a special plan

일반동사 의문문
50. 그들은 / 가지고 있습니까? / 특별한 계획을

Answer (답)

46. You drive.
47. Do you drive?
48. You don't drive.
49. They have a special plan.
50. Do they have a special plan?

DIAGRAM Practice DP

힌트를 보며 써 봐요!

일반동사 부정문
51. 그들은 / 가지고 있지 않다. / 특별한 계획을
                                    a special plan

52. 당신은 / 걸린다. / 감기를 / 쉽게
           catch   a cold   easily

일반동사 의문문
53. 당신은 / 걸립니까? / 감기를 / 쉽게

일반동사 부정문
54. 당신은 / 걸리지 않는다. / 감기를 / 쉽게

55. 우리는 / 가지고 있다. / 선택(권)을
           have   a choice

Answer (답)

51. They don't have a special plan.
52. You catch a cold easily.
53. Do you catch a cold easily?
54. You don't catch a cold easily.
55. We have a choice.

DIAGRAM Practice DP

힌트를 보며 써 봐요!

일반동사 의문문
56. 우리는 / 가지고 있나요? / 선택(권)을

일반동사 부정문
57. 우리는 / 가지고 있지 않다. / 선택(권)을

58. 당신은 / 가지고 있다. / 열을 (=열이 난다)
　　　　　have　　　　　a fever

일반동사 의문문
59. 당신은 / 가지고 있나요? / 열을

일반동사 부정문
60. 당신은 / 가지고 있지 않다. / 열을

Answer (답)

56. Do we have a choice?
57. We don't have a choice.
58. You have a fever.
59. Do you have a fever?
60. You don't have a fever.

DIAGRAM Practice DP 동시통역

힌트없이 한글을 보면서 동시통역을 해보세요~

1. (날씨) 구름이 꼈다. / 오늘은
2. (날씨) 구름이 꼈나요? / 오늘은
3. (날씨) 구름이 끼지 않았다. / 오늘은
4. (날씨) 바람이 분다. / 오늘은
5. (날씨) 바람이 붑니까? / 오늘은
6. (날씨) 바람이 불지 않는다. / 오늘은
7. (날씨) 추웠다. / 어제는
8. (날씨) 추웠나요? / 어제는
9. (날씨) 춥지 않았다. / 어제는
10. (날씨) 따스하다. / 안은
11. (날씨) 따스한가요? / 안은
12. (날씨) 따스하지 않다. / 안은
13. (날씨) 너무 덥다. / 밖은
14. (날씨) 너무 덥나요? / 밖은
15. (날씨) 너무 덥지 않다. / 밖은
16. (날씨) 안개가 꼈다. / 런던은
17. (날씨) 안개가 꼈나요? / 런던은
18. (날씨) 안개가 끼지 않았다. / 런던은
19. (요일) 금요일이다. / 오늘은
20. (요일) 금요일인가요? / 오늘은
21. (요일) 금요일이 아니다. / 오늘은
22. 그들은 이다. / 군인들
23. 그들은 입니까? / 군인들
24. 그들은 아니다. / 군인들이
25. 그는 / 가난하다.
26. 그는 / 가난한가요?
27. 그는 / 가난하지않다.
28. 우리는 / 부자다.
29. 우리가 / 부자인가요?
30. 우리는 / 부자가 아니다.

워크북 7

DIAGRAM Practice 동시통역

1. It's cloudy today.
2. Is it cloudy today?
3. It's not cloudy today.
4. It's windy today.
5. Is it windy today?
6. It's not windy today.
7. It was cold yesterday.
8. Was it cold yesterday?
9. It was not cold yesterday.
10. It's warm inside.
11. Is it warm inside?
12. It's not warm inside.
13. It's too hot outside.
14. Is it too hot outside?
15. It's not too hot outside.
16. It's foggy in London.
17. Is it foggy in London?
18. It's not foggy in London.
19. It's Friday today.
20. Is it Friday today?
21. It's not Friday today.
22. They are soldiers.
23. Are they soldiers?
24. They are not soldiers.
25. He is poor.
26. Is he poor?
27. He is not poor.
28. We are rich.
29. Are we rich?
30. We are not rich.

DIAGRAM Practice DP 동시통역

힌트없이 한글을 보면서 동시통역을 해보세요~

31. 당신은 / 일어난다. / 일찍
32. 당신은 / 일어납니까? / 일찍
33. 당신은 / 일어나지 않는다. / 일찍
34. 당신은 / 산다. / 이 근처에
35. 당신은 / 삽니까? / 이 근처에
36. 당신은 / 살지않는다. / 이 근처에
37. 그들은 / 노래 부른다. / 잘
38. 그들은 / 노래 부릅니까? / 잘
39. 그들은 / 노래 부르지 못한다. / 잘
40. 당신은 / 담배 핀다.
41. 당신은 / 담배 핍니까?
42. 당신은 / 담배 피지 않는다.
43. 그들은 / 연락한다.
44. 그들은 / 연락합니까?
45. 그들은 / 연락하지 않습니다.
46. 당신은 / 운전한다.
47. 당신은 / 운전합니까?
48. 당신은 / 운전하지 않는다.
49. 그들은 / 가지고 있다. / 특별한 계획을
50. 그들은 / 가지고 있습니까? / 특별한 계획을
51. 그들은 / 가지고 있지 않다. / 특별한 계획을
52. 당신은 / 걸린다. / 감기를 / 쉽게
53. 당신은 / 걸립니까? / 감기를 / 쉽게
54. 당신은 / 걸리지 않는다. / 감기를 / 쉽게
55. 우리는 / 가지고 있다. / 선택(권)을
56. 우리는 / 가지고 있나요? / 선택(권)을
57. 우리는 / 가지고 있지 않다. / 선택(권)을
58. 당신은 / 가지고 있다. / 열을 (=열이 난다)
59. 당신은 / 가지고 있나요? / 열을
60. 당신은 / 가지고 있지 않다. / 열을

워크북 7

DIAGRAM Practice 동시통역

31. You get up early.
32. Do you get up early?
33. You don't get up early.
34. You live near here.
35. Do you live near here?
36. You don't live near here.
37. They sing well.
38. Do they sing well?
39. They don't sing well.
40. You smoke.
41. Do you smoke?
42. You don't smoke.
43. They keep in touch.
44. Do they keep in touch?
45. They don't keep in touch.
46. You drive.
47. Do you drive?
48. You don't drive.
49. They have a special plan.
50. Do they have a special plan?
51. They don't have a special plan.
52. You catch a cold easily.
53. Do you catch a cold easily?
54. You don't catch a cold easily.
55. We have a choice.
56. Do we have a choice?
57. We don't have a choice.
58. You have a fever.
59. Do you have a fever?
60. You don't have a fever.

90분으로 만나는 다이아그램의 정수

1 Day Lecture

8

워크북

워크북이란 One day Lecture 강의 영상에서 다루지 못했던 다양한 다이아그램과, 그 다이아그램을 통하여 340여개가 넘는 문장들을 Self - Study[셀프 스터디] 할 수 있는 교재입니다.

8. 누가? 왜? 언제? 그랬는데?

One-Day Lecture

8

8편에서 아래 20문장을 포함해 총 96문장을 배울 거예요!

1. She is crying.
2. Is she crying?
3. Why is she crying?
4. You go to work.
5. Do you go to work?
6. Where do you go to work?
7. You are ready.
8. Are you ready?
9. When are you ready?
10. You like drinking.
11. Do you like drinking?
12. What do you like drinking?
13. He is upset.
14. Is he upset?
15. Why is he upset?
16. You take an English class.
17. Do you take an English class?
18. How often do you take an English class?
19. You are staying here.
20. Are you staying here?

One Day Lecture

8. 누가? 왜? 언제? 그랬는데?

1. Wh-의문사 의문문

일반적인 의문문 구조에 '누가(who), 언제(when), 어디서(where), 무엇을(what), 어떻게(how), 왜(why)'라는 의문사(Wh-)를 문장 맨 앞에 추가해보자. 'Yes, No'의 단순한 답변을 요하는 질문이 아닌 '구체적 답변'을 구하는 '의문사(Wh)-의문문'과 친속해지자. 그리고, 다양한 의미의 의문문 만들기를 다음페이지의 문장들을 통해 경험해보자.

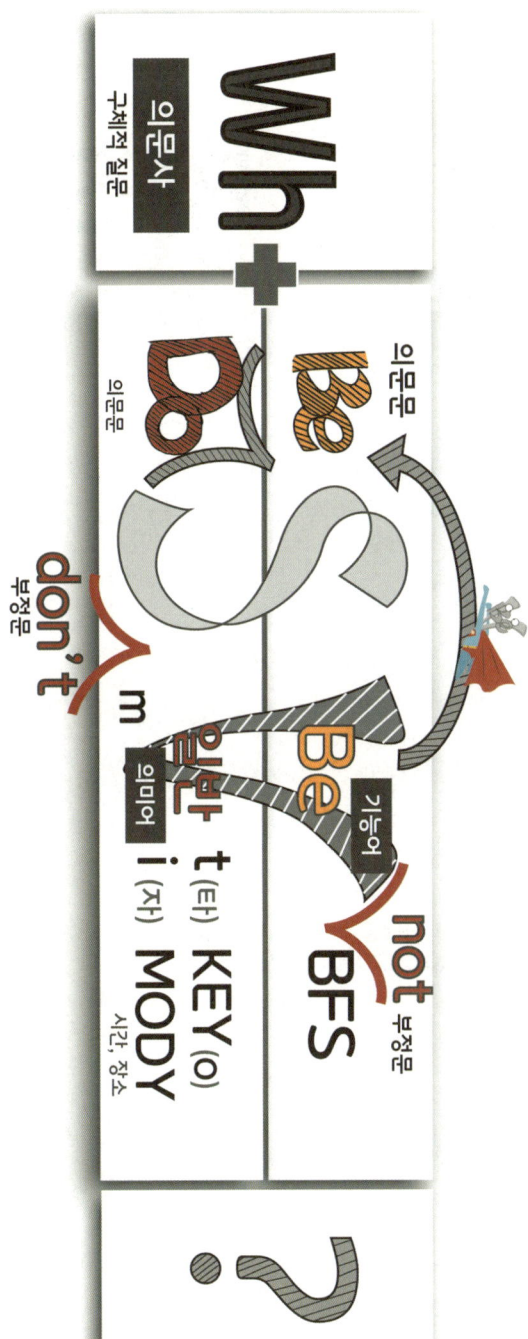

Practice Makes Perfect 연습이 만든다. 완벽함을

[PMP]　　　　　　　　　　　　　　　　　　　　　One Day Lecture

💡 의문사[Wh-] : '누가(who), 언제(when), 어디서(where), 무엇을(what), 어떻게(how), 왜(why)' 등
💡 TENSE[시제] : 모든 동사는 문장에서 살아있으려면 '현재'인지, '과거'인지, '미래'인지
　　　　　　　반드시 'TENSE! 시제'를 가져야한다.

평서문	She **is** crying. 그녀는 울고 있다.
의문문	**Is** she crying? 그녀는 울고 있나요?
Wh의문문	Why **is** she crying? 왜 그녀가 울고 있나요?

평서문	You **are** ready. 당신은 준비되었습니다.
의문문	**Are** you ready? 당신은 준비되었나요?
Wh의문문	When **are** you ready? 언제 당신은 준비되나요?

Practice Makes Perfect 연습이 만든다. 완벽함을

One Day Lecture

평서문	He **is** there. 그는 있다. 거기에
의문문	**Is** he there? 그는 있습니까? 거기에
Wh의문문	Why **is** he there? 왜 그는 있습니까? 거기에

평서문	You **are** staying here. 당신은 머물고 있습니다. 여기에
의문문	**Are** you staying here? 당신은 머물고 있습니까? 여기에
Wh의문문	How long **are** you staying here? 얼마나 오래 당신은 머물고 있습니까? 여기에

평서문	He **is** upset. 그는 화났습니다.
의문문	**Is** he upset? 그가 화났습니까?
Wh의문문	Why **is** he upset? 왜 그가 화났습니까?

Words

cry [krai] 울다 | why [hwai] 왜 | ready [rédi] 준비된 | when [hwən] 언제 | there [ðər] 거기
stay [stei] 머무르다 | how long [hau lɔːŋ] 얼마나 오래 | upset [ʌpset] 화난

Practice Makes Perfect 연습이 만든다. 완벽함을

PMP　　　　　　　　　　　　　　　　　　　**One Day Lecture**

- 의문사[Wh-] : '누가(who), 언제(when), 어디서(where), 무엇을(what), 어떻게(how), 왜(why)' 등
- TENSE[시제] : 모든 동사는 문장에서 살아있으려면 '현재'인지, '과거'인지, 미래'인지 반드시 'TENSE! 시제'를 가져야한다.
- 동사의 뿌리, Root란?
  영어사전에 예를들어 'write(~을 쓰다)'이라는 동사를 찾아보면 항상 그 옆에 함께 하는 친구들이 두 명 더 있다. 그들은 'write - wrote - written'으로 write이라는 동사의 '변형'을 의미한다. 맨 앞에 나와 있는 'write'이 바로 이 동사의 '뿌리(Root)'에 해당하는 '동사원형'인데, 우리는 대부분 그 친구를 '현재시제'라고 오해하여, 3인칭 주어에서 큰 오류를 범하게 된다. 물론 write이 현재시제로 문장에서 사용될 때도 있지만, 'write'은 동사의 원래형태, 원형(Root)임을 기억하자!

워크북 8

평서문	You **go** to work. 당신은 갑니다. 일하러
의문문	**Do** you **go** to work? 당신은 갑니까? 일하러
Wh의문문	Where **do** you **go** to work? 어디로 당신은 갑니까? 일하러

Words

go [gou] 가다 | work [wəːrk] 일 | where [hwɛər] 어디 | like [laik] ~을 좋아하다 | to [tu] (방향전치사) ~로
drinking [dríŋkiŋ] 술마시는 것 | what [hwət] 무엇 | drink [driŋk] ~을 마시다 | coffee [kɔ́ːfi] 커피
when [hwən] 언제 | take a class [teik ə; klæs] 수강하다 | how often [hau ɔ́ːfən] 얼마나 자주
university [jùːnəvə́ːrsəti] 대학

Practice Makes Perfect 연습이 만든다. 완벽함을

[PMP]

One Day Lecture

평서문	You **like** drinking. 당신은 좋아합니다. 술 마시는 것을
의문문	**Do** you **like** drinking? 당신은 좋아합니까? 술 마시는 것을
Wh의문문	What **do** you **like** drinking? 무엇을 당신은 좋아합니까? 술 마시는 것을 (종류)

평서문	They **drink** coffee. 그들은 마십니다. 커피를
의문문	**Do** they **drink** coffee? 그들은 마십니까? 커피를
Wh의문문	When **do** they **drink** coffee? 언제 그들은 마십니까? 커피를

평서문	You **take** an English class. 당신은 수강합니다. 영어수업을
의문문	**Do** you **take** an English class? 당신은 수강합니까? 영어수업을
Wh의문문	How often **do** you **take** an English class? 얼마나 자주 당신은 수강합니까? 영어수업을

평서문	You **go** to university. 당신은 갑니다. 대학에
의문문	**Do** you **go** to university? 당신은 갑니까? 대학에
Wh의문문	Where **do** you **go** to university? 어디로 당신은 갑니까? 대학에

워크북 **8**

8. 누가? 왜? 언제? 그랬는데?

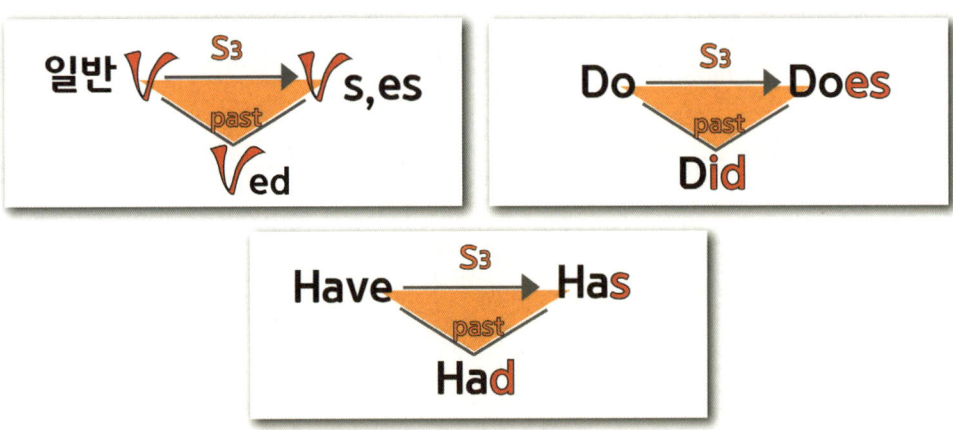

2. 3인칭은 Do가 아닌 Does로

앞서 공부했듯이, 영어는 한국말과 다르게 주어가 '**3인칭+단수**'이고, 동사의 시제가 '**현재시제**'일 때 사용하는 동사의 모습이 달라진다. 일반동사는 동사에 '-s나 -es'를 붙이고, do동사는 **does**로 have동사는 **has**로 바꾼다. 준비된 많은 문장을 통해서 '일반동사-의문문'의 커플인 do동사의 변형 '**does**'와 친숙해지고, 반드시 눈이 아닌 입으로 여러 번 문장을 말해보자!

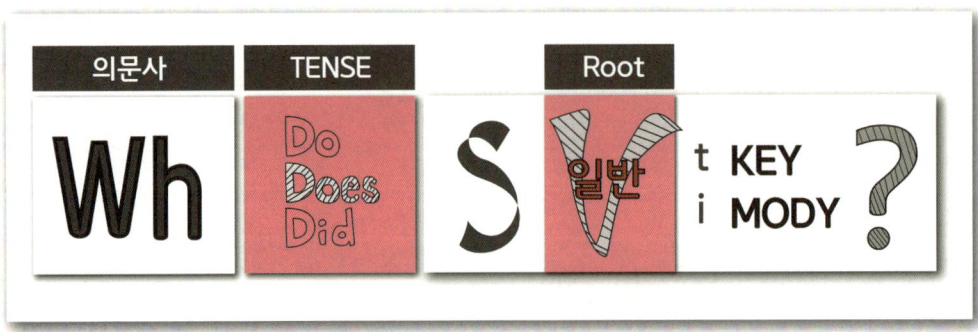

● 의문사[Wh-] : '누가(who), 언제(when), 어디서(where), 무엇을(what), 어떻게(how), 왜(why)' 등
● TENSE[시제] : 모든 동사는 문장에서 살아있으려면 '현재'인지, '과거'인지, 미래'인지
　　　　　　　반드시 'TENSE! 시제'를 가져야한다.
● Root [동사원형] : 동사의 원래형태, 원형

Practice Makes Perfect 연습이 만든다. 완벽함을
[PMP] One Day Lecture

3. 3인칭 주어 + 현재 시제에는 'Does'

평서문	She **likes** ice cream. 그녀는 좋아합니다. 아이스크림을
부정문	She **doesn't like** ice cream. 그녀는 좋아하지 않습니다. 아이스크림을
의문문	**Does** she **like** ice cream? 그녀는 좋아합니까? 아이스크림을

평서문	He **plays** golf well. 그는 칩니다. 골프를, 잘
부정문	He **doesn't play** golf well. 그는 치지 않습니다. 골프를, 잘
의문문	**Does** he **play** golf well? 그는 칩니까? 골프를, 잘

평서문	Your mother **has** a job. 당신의 엄마는 가지고 있습니다. 직업을
부정문	Your mother **doesn't have** a job. 당신의 엄마는 가지고 있지않습니다. 직업을
의문문	**Does** your mother **have** a job? 당신의 엄마는 가지고 있습니까? 직업을

워크북 **8**

Words

like [laik] ~을 좋아하다 | ice cream [ais kri:m] 아이스크림 | play golf [plei galf] 골프를 치다 | well [wel] 잘
mother [mʌðər] 엄마 | have [həv] ~을 가지다 | job [dʒab] 직업

Practice Makes Perfect 연습이 만든다. 완벽함을
[PMP]   One Day Lecture

평서문	She **hates** studying math.
	그녀는 싫어한다. 공부하는 것을, 수학을
부정문	She **doesn't hate** studying math.
	그녀는 싫어하지 않습니다. 공부하는 것을, 수학을
의문문	**Does** she **hate** studying math?
	그녀가 싫어합니까? 공부하는 것을, 수학을

평서문	Sheila **loves** drinking espresso.
	쉴라는 좋아합니다. 마시는 것을, 에스프레소를
부정문	Sheila **doesn't love** drinking espresso.
	쉴라는 좋아하지 않습니다. 마시는 것을, 에스프레소를
의문문	**Does** Sheila **love** drinking espresso?
	쉴라는 좋아합니까? 마시는 것을, 에스프레소를

평서문	She **uses** a phone when she works.
	그녀는 사용합니다. 전화를 / 그녀가 일할 때
부정문	She **doesn't use** a phone when she works.
	그녀는 사용하지 않습니다. 전화를 / 그녀가 일할 때
의문문	**Does** she **use** a phone when she works?
	그녀는 사용합니까? 전화를 / 그녀가 일할 때

워크북 8

Practice Makes Perfect 연습이 만든다. 완벽함을

PMP One Day Lecture

평서문	She **writes** a letter to her mother once a month.
	그녀는 쓴다. 편지를, 그녀의 엄마에게, 한번, 한 달에
부정문	She **doesn't write** a letter to her mother once a month.
	그녀는 쓰지 않는다. 편지를, 그녀의 엄마에게, 한번, 한 달에
의문문	**Does** she **write** a letter to her mother once a month?
	그녀는 씁니까? 편지를, 그녀의 엄마에게, 한번, 한 달에

평서문	Bob **skips** class.
	Bob은 빠진다. 수업을
부정문	Bob **doesn't skip** class.
	Bob은 빠지지 않는다. 수업을
의문문	**Does** Bob **skip** class?
	Bob은 빠집니까? 수업을

평서문	His brother **works** hard.
	그의 형은 일한다. 열심히
부정문	His brother **doesn't work** hard.
	그의 형은 일하지 않습니다. 열심히
의문문	**Does** his brother **work** hard?
	그의 형은 일합니까? 열심히

워크북 **8**

Words

hate [heit] ~을 싫어하다 | study [stʌdi] ~을 공부하다 | math [mæθ] 수학 | drink [driŋk] ~을 마시다
espresso [esprésou] 에스프레소 | use [ju:z] ~을 사용하다 | phone [foun] 전화 | when [hwən] 때
work [wə:rk] 일하다 | write [rait] ~을 쓰다 | letter [létər] 편지 | once [wʌns] 한번 | month [mʌnθ] 한 달
skip [skip] ~을 빠지다 | class [klæs] 수업 | brother [brʌðər] 형제 | hard [ha:rd] 열심히

8. 누가? 왜? 언제? 그랬는데?

4. 인칭에 상관없이 과거는 did로!

주어가 '**3인칭+단수**'이고, 동사의 시제가 '**현재시제**'일 때 동사 형태에 변화가 있었다. 하지만, 이것은 오로지 현재시제일 경우에만 해당한다. 동사의 시제가 '**과거**'일 때는 주어의 인칭에 상관없이 1인칭, 2인칭, 3인칭 모두 똑같이 do동사를 **did**로 사용한다.
천만 다행히! 과거 의문문은 인칭에 상관없이 모두~다 '**did**'로 시작한다는 것을 기억하자! 문장을 통해 과거 의문문 did와 친해지고, 반드시 눈이 아닌 입으로 여러 번 문장을 말해보자!

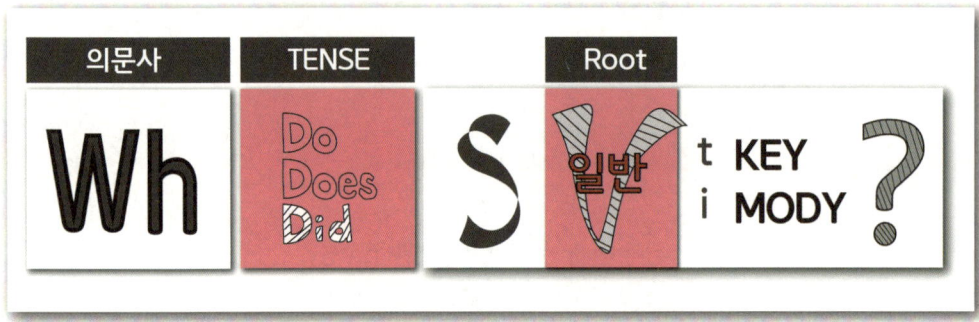

- 의문사[Wh-] : '누가(who), 언제(when), 어디서(where), 무엇을(what), 어떻게(how), 왜(why)' 등
- TENSE[시제] : 모든 동사는 문장에서 살아있으려면 '현재'인지, '과거'인지, 미래'인지 반드시 'TENSE! 시제'를 가져야한다.
- Root [동사원형] : 동사의 원래형태, 원형

Practice Makes Perfect 연습이 만든다. 완벽함을

[PMP] One Day Lecture

| 평서문 | We **met** him two days ago.
우리는 만났다. 그를, 이틀 전에 |

| 부정문 | We **didn't meet** him two days ago.
우리는 만나지 않았다. 그를, 이틀 전에 |

| 의문문 | **Did** we **meet** him two days ago?
우리는 만났나요? 그를, 이틀 전에 |

| 평서문 | I **solved** the question easily.
나는 풀었다. 그 질문을, 쉽게 |

| 부정문 | I **didn't solve** the question easily.
나는 풀지 않았다. 그 질문을, 쉽게 |

| 의문문 | **Did** I **solve** the question easily?
내가 풀었나요? 그 질문을, 쉽게 |

| 평서문 | You **slept** well last night.
당신은 잤다. 잘, 지난밤에 |

| 부정문 | You **didn't sleep** well last night.
당신은 자지못했다. 잘, 지난밤에 |

| 의문문 | **Did** you **sleep** well last night?
당신은 잤나요? 잘, 지난밤에 |

워크북 **8**

Words

meet[miːt]-met[met]-met[met] ~을 만나다 | ago [əgóu] 전에 | solve [sɑlv] ~을 풀다
question [kwéstʃən] 질문 | easily [íːzili] 쉽게 | sleep[sliːp]-slept[slept]-slept[slept] 자다 | well [wel] 잘
last night [læst nait] 지난 밤

Practice Makes Perfect 연습이 만든다. 완벽함을
[PMP]　　　　　　　　　　　　　　　　　　　　**One Day Lecture**

평서문	She **had** lunch with her sister. 그녀는 먹었다. 점심을, 그녀의 여동생과
부정문	She **didn't have** lunch with her sister. 그녀는 먹지 않았다. 점심을, 그녀의 여동생과
의문문	**Did** she **have** lunch with her sister? 그녀는 먹었나요? 점심을, 그녀의 여동생과

평서문	They **went** there together. 그들은 갔다. 거기에, 함께
부정문	They **didn't go** there together. 그들은 가지 않았다. 거기에, 함께
의문문	**Did** they **go** there together? 그들이 갔나요? 거기에, 함께

평서문	She **stayed** with me for a while. 그녀는 머물렀다. 나와 함께, 잠시 동안
부정문	She **didn't stay** with me. 그녀는 머무르지 않았다. 나와 함께
의문문	**Did** she **stay** with me for a while? 그녀는 머물렀나요? 나와 함께, 잠시 동안

워크북 **8**

Practice Makes Perfect 연습이 만든다. 완벽함을

PMP

One Day Lecture

평서문	I **brushed** my teeth after lunch. 나는 닦았다.　나의 이를,　점심 후에
부정문	I **didn't brush** my teeth after lunch. 나는 닦지 않았다.　나의 이를,　점심 후에
의문문	**Did** I **brush** my teeth after lunch? 내가 닦았나요? 나의 이를,　점심 후에
평서문	He **went** to bed around midnight. 그는 갔다.　잠자러,　자정쯤
부정문	He **didn't go** to bed around midnight. 그는 가지 않았다. 잠자러,　자정쯤
의문문	**Did** he **go** to bed around midnight? 그는 갔나요? 잠자러,　자정쯤
평서문	Bob **watched** the movie a long time ago. Bob은　봤다.　그 영화를,　오래전에
부정문	Bob **didn't watch** the movie a long time ago. Bob은　보지 않았다.　그 영화를,　오래전에
의문문	**Did** Bob **watch** the movie a long time ago? Bob은 봤나요? 그 영화를,　오래전에

Words

lunch [lʌntʃ] 점심 | sister [sístər] 여동생 | go[gou]-went[went]-gone[gɔ(ː)n] 가다 | there [ðər] 거기
together [təgéðər] 함께 | stay [stei] 머무르다 | for a while [fər; ə; hwail] 잠시 동안
brush [brʌʃ]-brushed[brʌʃt]-brushed[brʌʃt] ~을 닦다 | teeth [tiːθ] 치아 | go to bed [gou tu bed] 자러가다
around [əráund] ~쯤 | midnight [mídnàit] 자정 | watch [watʃ] ~을 보다 | movie [múːvi] 영화
a long time ago [ə; lɔːŋ taim góu] 오래전에

워크북 **8**

Practice Makes Perfect 연습이 만든다. 완벽함을
[PMP] One Day Lecture

평서문	We **visited** him last winter. 우리는 방문했다. 그를, 지난 겨울
부정문	We **didn't visit** him last winter. 우리는 방문하지 않았다. 그를, 지난 겨울
의문문	**Did** we **visit** him last winter? 우리가 방문했나요? 그를, 지난 겨울

평서문	They **had** a great time there. 그들은 가졌다. 좋은 시간을, 거기서
부정문	They **didn't have** a great time there. 그들은 가지지 않았다. 좋은 시간을, 거기서
의문문	**Did** they **have** a great time there? 그들은 가졌나요? 좋은 시간을, 거기서

평서문	Sheila **chatted** with her friend on the phone. 쉴라는 수다 떨었다. 그녀의 친구와, 전화로
부정문	Sheila **didn't chat** with her friend on the phone. 쉴라는 수다 떨지 않았다. 그녀의 친구와, 전화로
의문문	**Did** Sheila **chat** with her friend on the phone? 쉴라는 수다 떨었나요? 그녀의 친구와, 전화로

워크북 **8**

Practice Makes Perfect 연습이 만든다. 완벽함을
One Day Lecture
[PMP]

평서문	**Lucci went** shopping yesterday. 루씨는 갔다. 쇼핑하러, 어제
부정문	**Lucci didn't go** shopping yesterday. 루씨는 가지 않았다. 쇼핑하러, 어제
의문문	**Did** Lucci go shopping yesterday? 루씨는 갔나요? 쇼핑하러, 어제

Words

visit[vízit]-visited[vízitid]-visited[vízitid] ~를 방문하다 | winter [wíntər] 겨울 | great [greit] 좋은
time [taim] 시간 | there [ðər] 거기 | chat [tʃæt] 수다떨다 | phone [foun] 전화 | shopping [ʃápiŋ] 쇼핑

DIAGRAM Practice DP

힌트를 보며 써 봐요!

1. 그녀는 / 울고 있다.
   　　　　　be crying

Be 동사 의문문
2. 그녀는 / 울고 있나요?

Wh + Be 동사 의문문
3. 왜 / 그녀가 / 울고 있나요?
   Why

4. 당신은 / 갑니다. / 일하러
   　　　　go to　　work

일반동사 의문문
5. 당신은 / 갑니까? / 일하러

Answer (답)

1. She is crying.
2. Is she crying?
3. Why is she crying?
4. You go to work.
5. Do you go to work?

워크북 8

DIAGRAM Practice DP

힌트를 보며 써 봐요!

Wh + 일반동사 의문문
6. 어디로 / 당신은 / 갑니까? / 일하러
   Where

7. 당신은 / 준비되었습니다.
              be ready

Be 동사 의문문
8. 당신은 / 준비되었나요?

Wh + Be 동사 의문문
9. 언제 / 당신은 / 준비되나요?
   When

10. 당신은 / 좋아합니다. / 술 마시는 것을
             like   drinking

Answer (답)

6. Where do you go to work?
7. You are ready.
8. Are you ready?
9. When are you ready?
10. You like drinking.

DIAGRAM Practice DP

힌트를 보며 써 봐요!

일반동사 의문문
11. 당신은 / 좋아합니까? / 술 마시는 것을
    　　　 like　　　 drinking

Wh + 일반동사 의문문
12. 무엇을 / 당신은 / 좋아합니까? / 술 마시는 것을 (종류)
    What

13. 그는 / 화났습니다.
    　　 be upset

Be 동사 의문문
14. 그가 / 화났습니까?

Wh + Be 동사 의문문
15. 왜 / 그가 / 화났습니까?
    Why

Answer (답)

11. Do you like drinking?
12. What do you like drinking?
13. He is upset.
14. Is he upset?
15. Why is he upset?

DIAGRAM Practice DP

힌트를 보며 써 봐요!

16. 당신은 / 수강합니다. / 영어수업을
            take   an English class

일반동사 의문문
17. 당신은 / 수강합니까? / 영어수업을

Wh + 일반동사 의문문
18. 얼마나 자주 / 당신은 / 수강합니까? / 영어수업을
       How often

19. 당신은 / 머물고 있습니다. / 여기에
           be staying   here

Be 동사 의문문
20. 당신은 / 머물고 있습니까? / 여기에

Answer (답)

16. You take an English class.
17. Do you take an English class?
18. How often do you take an English class?
19. You are staying here.
20. Are you staying here?

DIAGRAM Practice DP

힌트를 보며 써 봐요!

Wh + Be 동사 의문문
21. 얼마나 오래 / 당신은 / 머물고 있습니까? / 여기에
    How long

22. 당신은 / 갑니다. / 대학에
        go to   university

일반동사 의문문
23. 당신은 / 갑니까? / 대학에

Wh + 일반동사 의문문
24. 어디로 / 당신은 / 갑니까? / 대학에
    Where

25. 3인칭 단수 그녀는 / 좋아합니다. / 아이스크림을
                   likes   ice cream

Answer (답)

21. How long are you staying here?
22. You go to university.
23. Do you go to university?
24. Where do you go to university?
25. She likes ice cream.

DIAGRAM Practice DP

힌트를 보며 써 봐요!

일반동사 의문문
26. 3인칭 답추 그녀는 / 좋아합니까? / 아이스크림을

일반동사 부정문
27. 3인칭 답추 그녀는 / 좋아하지 않습니다. / 아이스크림을

28. 3인칭 답추 그는 / 칩니다. / 골프를 / 잘
    plays golf well

일반동사 의문문
29. 3인칭 답추 그는 / 칩니까? / 골프를 / 잘

일반동사 부정문
30. 3인칭 답추 그는 / 치지 않습니다. / 골프를 / 잘

Answer (답)

26. Does she like ice cream?
27. She doesn't like ice cream.
28. He plays golf well.
29. Does he play golf well?
30. He doesn't play golf well.

DIAGRAM Practice

힌트를 보며 써 봐요!

31. ^{3인칭}_{단수} 당신의 엄마는 / 가지고 있습니다. / 직업을
           mother   has   job

<일반동사 의문문>
32. ^{3인칭}_{단수} 당신의 엄마는 / 가지고 있습니까? / 직업을

<일반동사 부정문>
33. ^{3인칭}_{단수} 당신의 엄마는 / 가지고 있지않습니다. / 직업을

34. ^{3인칭}_{단수} 그녀는 / 싫어한다. / 공부하는 것을 / 수학을
                     hates   studying   math

<일반동사 의문문>
35. ^{3인칭}_{단수} 그녀가 / 싫어합니까? / 공부하는 것을 / 수학을

Answer (답)

31. Your mother has a job.
32. Does your mother have a job?
33. Your mother doesn't have a job.
34. She hates studying math.
35. Does she hate studying math?

DIAGRAM Practice DP

힌트를 보며 써 봐요!

일반동사 부정문
36. 3인칭 답추 그녀는 / 싫어하지 않습니다. / 공부하는 것을 / 수학을

37. 3인칭 답추 쉴라는 / 좋아합니다. / 마시는 것을 / 에스프레소를
    Sheila   loves   drinking   espresso

일반동사 의문문
38. 3인칭 답추 쉴라는 / 좋아합니까? / 마시는 것을 / 에스프레소를

일반동사 부정문
39. 3인칭 답추 쉴라는 / 좋아하지 않습니다. / 마시는 것을 / 에스프레소를

40. 3인칭 답추 그녀는 / 사용합니다. / 전화를 / 그녀가 일할 때
    uses   a phone   when she works

Answer (답)

36. She doesn't hate studying math.
37. Sheila loves drinking espresso.
38. Does Sheila love drinking espresso?
39. Sheila doesn't love drinking espresso.
40. She uses a phone when she works.

DIAGRAM Practice DP

힌트를 보며 써 봐요!

일반동사 의문문
41. ³인칭 그녀는 / 사용합니까? / 전화를 / 그녀가 일할 때
       use   a phone   when she works

일반동사 부정문
42. ³인칭 그녀는 / 사용하지 않습니다. / 전화를 / 그녀가 일할 때

43. ³인칭 그녀는 / 쓴다. / 편지를 / 그녀의 엄마에게 / 한번 / 한 달에
       writes a letter   to   once   a month

일반동사 의문문
44. ³인칭 그녀는 / 씁니까? / 편지를 / 그녀의 엄마에게 / 한번 / 한 달에

일반동사 부정문
45. ³인칭 그녀는 / 쓰지 않는다. / 편지를 / 그녀의 엄마에게 / 한번 / 한 달에

Answer (답)

41. Does she use a phone when she works?
42. She doesn't use a phone when she works.
43. She writes a letter to her mother once a month.
44. Does she write a letter to her mother once a month?
45. She doesn't write a letter to her mother once a month.

DIAGRAM Practice DP

힌트를 보며 써 봐요!

46. ³인칭 답추 Bob은 / 빠진다. / 수업을
    　　　　　　　　　skips　　class

47. 일반동사 의문문
    ³인칭 답추 Bob은 / 빠집니까? / 수업을

48. 일반동사 부정문
    ³인칭 답추 Bob은 / 빠지지 않는다. / 수업을

49. ³인칭 답추 그의 형은 / 일한다. / 열심히
    　　　　　　　brother　works　　hard

50. 일반동사 의문문
    ³인칭 답추 그의 형은 / 일합니까? / 열심히

Answer (답)

46. Bob <u>skips</u> class.
47. <u>Does</u> Bob <u>skip</u> class?
48. Bob <u>doesn't skip</u> class.
49. His brother <u>works</u> hard.
50. <u>Does</u> his brother <u>work</u> hard?

DIAGRAM Practice DP

힌트를 보며 써 봐요!

일반동사 부정문
51. 3인칭 그의 형은 / 일하지 않습니다. / 열심히
    His brother   doesn't work   hard

52. 우리는 / 만났다. / 그를 / 이틀 전에
           met   him   two days ago

일반동사 의문문
53. 우리는 / 만났나요? / 그를 / 이틀 전에

일반동사 부정문
54. 우리는 / 만나지 않았다. / 그를 / 이틀 전에

55. 나는 / 풀었다. / 그 질문을 / 쉽게
         solved   the question easily

Answer (답)

51. His brother <u>doesn't work</u> hard.
52. We met him two days ago.
53. Did we meet him two days ago?
54. We didn't meet him two days ago.
55. I solved the question easily.

DIAGRAM Practice DP

힌트를 보며 써 봐요!

일반동사 의문문
56. 내가 / 풀었나요? / 그 질문을 / 쉽게

일반동사 부정문
57. 나는 / 풀지 않았다. / 그 질문을 / 쉽게

58. 당신은 / 잤다. / 잘 / 지난밤에
         slept   well   last night

일반동사 의문문
59. 당신은 / 잤나요? / 잘 / 지난밤에

일반동사 부정문
60. 당신은 / 자지못했다. / 잘 / 지난밤에

Answer (답)

56. Did I solve the question easily?
57. I didn't solve the question easily.
58. You slept well last night.
59. Did you sleep well last night?
60. You didn't sleep well last night.

DIAGRAM Practice DP

힌트를 보며 써 봐요!

61. 그녀는 / 먹었다. / 점심을 / 그녀의 여동생과
    　　　　had　　lunch　with her sister

일반동사 의문문
62. 그녀는 / 먹었나요? / 점심을 / 그녀의 여동생과

일반동사 부정문
63. 그녀는 / 먹지 않았다. / 점심을 / 그녀의 여동생과

64. 그들은 / 갔다. / 거기에 / 함께
    　　　　went　there　together

일반동사 의문문
65. 그들이 / 갔나요? / 거기에 / 함께

Answer (답)

61. She had lunch with her sister.
62. Did she have lunch with her sister?
63. She didn't have lunch with her sister.
64. They went there together.
65. Did they go there together?

DIAGRAM Practice DP

힌트를 보며 써 봐요!

일반동사 부정문
66. 그들은 / 가지 않았다. / 거기에 / 함께

67. 그녀는 / 머물렀다. / 나와 함께 / 잠시 동안
         stayed   with me   for a while

일반동사 의문문
68. 그녀는 / 머물렀나요? / 나와 함께 / 잠시 동안

일반동사 부정문
69. 그녀는 / 머무르지 않았다. / 나와 함께

70. 나는 / 닦았다. / 나의 이를 / 점심 후에
        brushed   teeth   after lunch

Answer (답)

66. They didn't go there together.
67. She stayed with me for a while.
68. Did she stay with me for a while?
69. She didn't stay with me.
70. I brushed my teeth after lunch.

DIAGRAM Practice `DP`

힌트를 보며 써 봐요!

일반동사 의문문
71. 내가 / 닦았나요? / 나의 이를 / 점심 후에
     brush   teeth   after lunch

일반동사 부정문
72. 나는 / 닦지 않았다. / 나의 이를 / 점심 후에

73. 그는 / 갔다. / 잠자러 / 자정쯤
         went   to bed   around midnight

일반동사 의문문
74. 그는 / 갔나요? / 잠자러 / 자정쯤

일반동사 부정문
75. 그는 / 가지 않았다. / 잠자러 / 자정쯤

Answer (답)

71. Did I brush my teeth after lunch?
72. I didn't brush my teeth after lunch.
73. He went to bed around midnight.
74. Did he go to bed around midnight?
75. He didn't go to bed around midnight.

DIAGRAM Practice DP

힌트를 보며 써 봐요!

76. Bob은 / 봤다. / 그 영화를 / 오래전에
    watched   the movie   a long time ago

일반동사 의문문
77. Bob은 / 봤나요? / 그 영화를 / 오래전에

일반동사 부정문
78. Bob은 / 보지 않았다. / 그 영화를 / 오래전에

79. 우리는 / 방문했다. / 그를 / 지난 겨울
              visited   last winter

일반동사 의문문
80. 우리가 / 방문했나요? / 그를 / 지난 겨울

Answer (답)

76. Bob watched the movie a long time ago.
77. Did Bob watch the movie a long time ago?
78. Bob didn't watch the movie a long time ago.
79. We visited him last winter.
80. Did we visit him last winter?

DIAGRAM Practice DP

힌트를 보며 써 봐요!

일반동사 부정문
81. 우리는 / 방문하지 않았다. / 그를 / 지난겨울
       visit   last winter

82. 그들은 / 가졌다. / 좋은 시간을 / 거기서
       had   a great time   there

일반동사 의문문
83. 그들은 / 가졌나요? / 좋은 시간을 / 거기서

일반동사 부정문
84. 그들은 / 가지지 않았다. / 좋은 시간을 / 거기서

85. 쉴라는 / 수다 떨었다. / 그녀의 친구와 / 전화로
    Sheila   chatted   with   on the phone

Answer (답)

81. We didn't visit him last winter.
82. They had a great time there.
83. Did they have a great time there?
84. They didn't have a great time there.
85. Sheila chatted with her friend on the phone.

DIAGRAM Practice DP

힌트를 보며 써 봐요!

일반동사 의문문
86. 쉴라는 / 수다 떨었나요? / 그녀의 친구와 / 전화로

일반동사 부정문
87. 쉴라는 / 수다 떨지 않았다. / 그녀의 친구와 / 전화로

88. 루씨는 / 갔다. / 쇼핑하러 / 어제
    Lucci   went   shopping

일반동사 의문문
89. 루씨는 / 갔나요? / 쇼핑하러 / 어제

일반동사 부정문
90. 루씨는 / 가지 않았다. / 쇼핑하러 / 어제

Answer (답)

86. Did Sheila chat with her friend on the phone?
87. Sheila didn't chat with her friend on the phone.
88. Lucci went shopping yesterday.
89. Did Lucci go shopping yesterday?
90. Lucci didn't go shopping yesterday.

DIAGRAM Practice DP

힌트를 보며 써 봐요!

91. 그는 / 있다. / 거기에
　　　　　　　　there

Be 동사 의문문
92. 그는 / 있습니까? / 거기에

Wh + Be 동사 의문문
93. 왜 / 그는 / 있습니까? / 거기에
　　 Why

94. 그들은 / 마십니다. / 커피를
　　　　　　 drink　　 coffee

일반동사 의문문
95. 그들은 / 마십니까? / 커피를

Answer (답)

91. He is there.
92. Is he there?
93. Why is he there?
94. They drink coffee.
95. Do they drink coffee?

DIAGRAM Practice DP

힌트를 보며 써 봐요!

Wh + 일반동사 의문문
96. 언제 / 그들은 / 마십니까? / 커피를
　　　When

Answer (답)

96. When do they drink coffee?

DIAGRAM Practice DP 동시통역

힌트없이 한글을 보면서 동시통역을 해보세요~

1. 그녀는 / 울고 있다.
2. 그녀는 / 울고 있나요?
3. 왜 / 그녀가 / 울고 있나요?
4. 당신은 / 갑니다. / 일하러
5. 당신은 / 갑니까? / 일하러
6. 어디로 / 당신은 / 갑니까? / 일하러
7. 당신은 / 준비되었습니다.
8. 당신은 / 준비되었나요?
9. 언제 / 당신은 / 준비되나요?
10. 당신은 / 좋아합니다. / 술 마시는 것을
11. 당신은 / 좋아합니까? / 술 마시는 것을
12. 무엇을 / 당신은 / 좋아합니까? / 술 마시는 것을 (종류)
13. 그는 / 화났습니다.
14. 그가 / 화났습니까?
15. 왜 / 그가 / 화났습니까?
16. 당신은 / 수강합니다. / 영어수업을
17. 당신은 / 수강합니까? / 영어수업을
18. 얼마나 자주 / 당신은 / 수강합니까? / 영어수업을
19. 당신은 / 머물고 있습니다. / 여기에
20. 당신은 / 머물고 있습니까? / 여기에
21. 얼마나 오래 / 당신은 / 머물고 있습니까? / 여기에
22. 당신은 / 갑니다. / 대학에
23. 당신은 / 갑니까? / 대학에
24. 어디로 / 당신은 / 갑니까? / 대학에
25. 그녀는 / 좋아합니다. / 아이스크림을
26. 그녀는 / 좋아합니까? / 아이스크림을
27. 그녀는 / 좋아하지 않습니다. / 아이스크림을
28. 그는 / 칩니다. / 골프를 / 잘
29. 그는 / 칩니까? / 골프를 / 잘
30. 그는 / 치지 않습니다. / 골프를 / 잘
31. 당신의 엄마는 / 가지고 있습니다. / 직업을
32. 당신의 엄마는 / 가지고 있습니까? / 직업을
33. 당신의 엄마는 / 가지고 있지않습니다. / 직업을

DIAGRAM Practice   DP 동시통역

1. She is crying.
2. Is she crying?
3. Why is she crying?
4. You go to work.
5. Do you go to work?
6. Where do you go to work?
7. You are ready.
8. Are you ready?
9. When are you ready?
10. You like drinking.
11. Do you like drinking?
12. What do you like drinking?
13. He is upset.
14. Is he upset?
15. Why is he upset?
16. You take an English class.
17. Do you take an English class?
18. How often do you take an English class?
19. You are staying here.
20. Are you staying here?
21. How long are you staying here?
22. You go to university.
23. Do you go to university?
24. Where do you go to university?
25. She <u>likes</u> ice cream.
26. <u>Does</u> she <u>like</u> ice cream?
27. She <u>doesn't like</u> ice cream.
28. He <u>plays</u> golf well.
29. <u>Does</u> he <u>play</u> golf well?
30. He <u>doesn't play</u> golf well.
31. Your mother <u>has</u> a job.
32. <u>Does</u> your mother <u>have</u> a job?
33. Your mother <u>doesn't have</u> a job.

DIAGRAM Practice DP 동시통역

힌트없이 한글을 보면서
동시통역을 해보세요~

34. 그녀는 / 싫어한다. / 공부하는 것을 / 수학을
35. 그녀가 / 싫어합니까? / 공부하는 것을 / 수학을
36. 그녀는 / 싫어하지 않습니다. / 공부하는 것을 / 수학을
37. 쉴라는 / 좋아합니다. / 마시는 것을 / 에스프레소를
38. 쉴라는 / 좋아합니까? / 마시는 것을 / 에스프레소를
39. 쉴라는 / 좋아하지 않습니다. / 마시는 것을 / 에스프레소를
40. 그녀는 / 사용합니다. / 전화를 / 그녀가 일할 때
41. 그녀는 / 사용합니까? / 전화를 / 그녀가 일할 때
42. 그녀는 / 사용하지 않습니다. / 전화를 / 그녀가 일할 때
43. 그녀는 / 쓴다. / 편지를 / 그녀의 엄마에게 / 한번 / 한 달에
44. 그녀는 / 씁니까? / 편지를 / 그녀의 엄마에게 / 한번 / 한 달에
45. 그녀는 / 쓰지 않는다. / 편지를 / 그녀의 엄마에게 / 한번 / 한 달에
46. Bob은 / 빠진다. / 수업을
47. Bob은 / 빠집니까? / 수업을
48. Bob은 / 빠지지 않는다. / 수업을
49. 그의 형은 / 일한다. / 열심히
50. 그의 형은 / 일합니까? / 열심히
51. 그의 형은 / 일하지 않습니다. / 열심히
52. 우리는 / 만났다. / 그를 / 이틀 전에
53. 우리는 / 만났나요? / 그를 / 이틀 전에
54. 우리는 / 만나지 않았다. / 그를 / 이틀 전에
55. 나는 / 풀었다. / 그 질문을 / 쉽게
56. 내가 / 풀었나요? / 그 질문을 / 쉽게
57. 나는 / 풀지 않았다. / 그 질문을 / 쉽게
58. 당신은 / 잤다. / 잘 / 지난밤에
59. 당신은 / 잤나요? / 잘 / 지난밤에
60. 당신은 / 자지못했다. / 잘 / 지난밤에
61. 그녀는 / 먹었다. / 점심을 / 그녀의 여동생과
62. 그녀는 / 먹었나요? / 점심을 / 그녀의 여동생과
63. 그녀는 / 먹지 않았다. / 점심을 / 그녀의 여동생과

DIAGRAM Practice DP 동시통역

34. She <u>hates</u> studying math.
35. <u>Does</u> she <u>hate</u> studying math?
36. She <u>doesn't hate</u> studying math.
37. Sheila <u>loves</u> drinking espresso.
38. <u>Does</u> Sheila <u>love</u> drinking espresso?
39. Sheila <u>doesn't love</u> drinking espresso.
40. She <u>uses</u> a phone when she works.
41. <u>Does</u> she <u>use</u> a phone when she works?
42. She <u>doesn't use</u> a phone when she works.
43. She <u>writes</u> a letter to her mother once a month.
44. <u>Does</u> she <u>write</u> a letter to her mother once a month?
45. She <u>doesn't write</u> a letter to her mother once a month.
46. Bob <u>skips</u> class.
47. <u>Does</u> Bob <u>skip</u> class?
48. Bob <u>doesn't skip</u> class.
49. His brother <u>works</u> hard.
50. <u>Does</u> his brother <u>work</u> hard?
51. His brother <u>doesn't work</u> hard.
52. We met him two days ago.
53. Did we meet him two days ago?
54. We didn't meet him two days ago.
55. I solved the question easily.
56. Did I solve the question easily?
57. I didn't solve the question easily.
58. You slept well last night.
59. Did you sleep well last night?
60. You didn't sleep well last night.
61. She had lunch with her sister.
62. Did she have lunch with her sister?
63. She didn't have lunch with her sister.

워크북 8

DIAGRAM Practice DP 동시통역

> 힌트없이 한글을 보면서
> 동시통역을 해보세요~

64. 그들은 / 갔다. / 거기에 / 함께
65. 그들이 / 갔나요? / 거기에 / 함께
66. 그들은 / 가지 않았다. / 거기에 / 함께
67. 그녀는 / 머물렀다. / 나와 함께 / 잠시 동안
68. 그녀는 / 머물렀나요? / 나와 함께 / 잠시 동안
69. 그녀는 / 머무르지 않았다. / 나와 함께
70. 나는 / 닦았다. / 나의 이를 / 점심 후에
71. 내가 / 닦았나요? / 나의 이를 / 점심 후에
72. 나는 / 닦지 않았다. / 나의 이를 / 점심 후에
73. 그는 / 갔다. / 잠자러 / 자정쯤
74. 그는 / 갔나요? / 잠자러 / 자정쯤
75. 그는 / 가지 않았다. / 잠자러 / 자정쯤
76. Bob은 / 봤다. / 그 영화를 / 오래전에
77. Bob은 / 봤나요? / 그 영화를 / 오래전에
78. Bob은 / 보지 않았다. / 그 영화를 / 오래전에
79. 우리는 / 방문했다. / 그를 / 지난 겨울
80. 우리가 / 방문했나요? / 그를 / 지난 겨울
81. 우리는 / 방문하지 않았다. / 그를 / 지난겨울
82. 그들은 / 가졌다. / 좋은 시간을 / 거기서
83. 그들은 / 가졌나요? / 좋은 시간을 / 거기서
84. 그들은 / 가지지 않았다. / 좋은 시간을 / 거기서
85. 쉴라는 / 수다 떨었다. / 그녀의 친구와 / 전화로
86. 쉴라는 / 수다 떨었나요? / 그녀의 친구와 / 전화로
87. 쉴라는 / 수다 떨지 않았다. / 그녀의 친구와 / 전화로
88. 루씨는 / 갔다. / 쇼핑하러 / 어제
89. 루씨는 / 갔나요? / 쇼핑하러 / 어제
90. 루씨는 / 가지 않았다. / 쇼핑하러 / 어제
91. 그는 / 있다. / 거기에
92. 그는 / 있습니까? / 거기에
93. 왜 / 그는 / 있습니까? / 거기에
94. 그들은 / 마십니다. / 커피를
95. 그들은 / 마십니까? / 커피를
96. 언제 / 그들은 / 마십니까? / 커피를

DIAGRAM Practice DP 동시통역

64. They went there together.
65. Did they go there together?
66. They didn't go there together.
67. She stayed with me for a while.
68. Did she stay with me for a while?
69. She didn't stay with me.
70. I brushed my teeth after lunch.
71. Did I brush my teeth after lunch?
72. I didn't brush my teeth after lunch.
73. He went to bed around midnight.
74. Did he go to bed around midnight?
75. He didn't go to bed around midnight.
76. Bob watched the movie a long time ago.
77. Did Bob watch the movie a long time ago?
78. Bob didn't watch the movie a long time ago.
79. We visited him last winter.
80. Did we visit him last winter?
81. We didn't visit him last winter.
82. They had a great time there.
83. Did they have a great time there?
84. They didn't have a great time there.
85. Sheila chatted with her friend on the phone.
86. Did Sheila chat with her friend on the phone?
87. Sheila didn't chat with her friend on the phone.
88. Lucci went shopping yesterday.
89. Did Lucci go shopping yesterday?
90. Lucci didn't go shopping yesterday.
91. He is there.
92. Is he there?
93. Why is he there?
94. They drink coffee.
95. Do they drink coffee?
96. When do they drink coffee?

Day 1 Lecture

Useful Expressions [유용한 표현들]

영상북 1 ·· 18

1. I love you.
2. I don't love you.
3. I loved you.
4. I will love you.
5. We speak English.
6. I helped the old man.

1. 나는 / 사랑한다. / 당신을
2. 나는 / 사랑하지 않는다. / 당신을
3. 나는 / 사랑했었다. / 당신을
4. 나는 / 사랑할거다. / 당신을
5. 나는 / 도왔다. / 그 노인을
6. 우리는 / 말한다. / 영어를

영상북 2 ·· 24

1. I love my family so much.
2. I need money right now.
3. I watch TV every night.
4. I drink coffee in the morning.
5. I meet my friend every Sunday.
6. I study English for two hours.
7. I have breakfast with my son every morning.

1. 나는 / 사랑한다. / 나의 가족을 / 매우 많이
2. 나는 / 필요로 한다. / 돈을 / 지금 당장
3. 나는 / 본다. / TV를 / 매일 밤
4. 나는 / 마신다. / 커피를 / 아침에
5. 나는 / 만난다. / 나의 친구를 / 매주 일요일마다
6. 나는 / 공부한다. / 영어를 / 두 시간 동안
7. 나는 / 먹는다. / 아침을 / 나의 아들과 함께 / 매일 아침

영상북 3 ·· 30

1. This is milk.
2. I like milk.
3. I am a doctor.
4. I know a doctor.

1. 이것은 / 이다. / 우유
2. 나는 / 좋아한다. / 우유를
3. 나는 / 이다. / 의사
4. 나는 / 안다. / 의사를

영상북 4 ·· 38

1. This is a computer.
2. I use a computer.
3. This is my father.
4. She helped my father.

1. 이것은 / 이다. / 컴퓨터
2. 나는 / 사용한다. / 컴퓨터를
3. 이분은 / 이다. / 나의 아버지
4. 그녀는 / 도왔다. / 나의 아버지를

Useful Expressions [유용한 표현들]

1 Day Lecture

영상북 5 ·············· 44

1. I am pretty.
2. Am I pretty?
3. You are happy.
4. Are you happy?
5. He is busy.
6. Is he busy?
7. I know you.
8. Do I know you?
9. We need help.
10. Do we need help?
11. They live in London.
12. Do they live in London?

1. 나는 / 예쁘다.
2. 내가 / 예쁜가요?
3. 당신은 / 행복하다.
4. 당신은 / 행복한가요?
5. 그는 / 바쁘다.
6. 그는 / 바쁜가요?
7. 나는 / 안다. / 당신을
8. 내가 / 아나요? / 당신을
9. 우리는 / 필요로 한다. / 도움을
10. 우리는 / 필요로 합니까? / 도움을
11. 그들은 / 산다. / 런던에
12. 그들은 / 삽니까? / 런던에

영상북 6 ·············· 50

1. I am hungry.
2. Am I hungry?
3. I am not hungry.
4. You love me.
5. Do you love me?
6. You don't love me.

1. 나는 / 배고프다.
2. 내가 / 배가 고픈가요?
3. 나는 / 배고프지 않다.
4. 당신은 / 사랑한다. / 나를
5. 당신은 / 사랑합니까? / 나를
6. 당신은 / 사랑하지 않는다. / 나를

영상북 7 ·············· 56

1. He is tall.
2. Is he tall?
3. They are busy.
4. Are they busy?
5. She is sad.
6. Is she sad?
7. You are healthy.
8. Are you healthy?
9. I am sick.

1. 그는 / 키가 크다.
2. 그는 / 키가 큰가요?
3. 그들은 / 바쁘다.
4. 그들은 / 바쁜가요?
5. 그녀는 / 슬프다.
6. 그녀는 / 슬픈가요?
7. 당신은 / 건강하다.
8. 당신은 / 건강한가요?
9. 나는 / 아프다.

워크북 부록

Useful Expressions [유용한 표현들]

1 Day Lecture

10. Am I sick?
11. They like wine.
12. Do they like wine?
13. You have a job.
14. Do you have a job?
15. I need a pen.
16. Do I need a pen?
17. They live together.
18. Do they live together?
19. You study Chinese.
20. Do you study Chinese?

10. 나는 / 아픈가요?
11. 그들은 / 좋아한다. / 와인을
12. 그들은 / 좋아하나요? / 와인을
13. 당신은 / 가지고 있다. / 직업을
14. 당신은 / 가지고 있나요? / 직업을
15. 나는 / 필요로한다. / 펜을
16. 나는 / 필요로하나요? / 펜을
17. 그들은 / 산다. / 함께
18. 그들은 / 사나요? / 함께
19. 당신은 / 공부한다. / 중국어를
20. 당신은 / 공부하나요? / 중국어를

영상북 8 ········· 60

1. You are free.
2. You are not free.
3. Are you free?
4. When are you free?
5. You have breakfast.
6. You don't have breakfast
7. Do you have breakfast?
8. When do you have breakfast?

1. 당신은 / 한가하다.
2. 당신은 / 한가하지 않다.
3. 당신은 / 한가한가요?
4. 언제 / 당신은 / 한가한가요?
5. 당신은 / 먹는다. / 아침을
6. 당신은 / 먹지 않습니다. / 아침을
7. 당신은 / 먹습니까? / 아침을
8. 언제 / 당신은 / 먹습니까? / 아침을

워크북 1 ········· 94

1. I met my friend in front of my house last night.
2. We watched TV in the living room after dinner.
3. I study English in the library after school.
4. He read a book for two hours yesterday.
5. They worked hard in the company yesterday.

1. 나는 만났다. / 나의 친구를 / 나의 집 앞에서 / 지난밤
2. 우리는 봤다. / TV를 / 거실에서 / 저녁식사 후에
3. 나는 공부한다. / 영어를 / 도서관에서 / 방과 후에
4. 그는 읽었다. / 책을 / 두 시간 동안 / 어제
5. 그들은 일했다. / 열심히 / 회사에서 / 어제

Useful Expressions [유용한 표현들]

1 Day Lecture

워크북 2 ········· 108

1. I clean my room once a day.
2. She cleans her room once a week.
3. We cleaned our room last night.
4. I live with my parents in London now.
5. He lives with his brothers in Seoul.
6. They lived with my cousins in Canada before.
7. I help poor people in Africa.
8. My wife helps sick old men in the hospital.
9. We helped each other.
10. I cook dinner for my kids.
11. My father cooks breakfast for me every morning.
12. My mother cooked some eggs and potatoes for my breakfast this morning.
13. I play computer games with my friends for fun.
14. My husband plays computer games with his coworkers after work.
15. I played badminton with my neighbors in the park.
16. I exercise four times a week.
17. My aunt exercises in the fitness center in the early morning.
18. I exercised in the gym for an hour yesterday.
19. I climb the mountain every morning for my health.
20. Bob climbs stairs instead of taking an elevator for health.
21. We climbed to the top of the mountain yesterday morning.
22. I take a walk with my dog after dinner.

1. 나는 / 청소한다. / 나의 방을 / 한 번 / 하루에
2. 그녀는 / 청소한다. / 그녀의 방을 / 한 번 / 일주일에
3. 우리는 / 청소했다. / 우리의 방을 / 지난밤에
4. 나는 / 산다. / 나의 부모들과 / 런던에서 / 지금
5. 그는 / 산다. / 그의 형제들과 / 서울에서
6. 그들은 / 살았다. / 나의 사촌들과 / 캐나다에서 / 이전에
7. 나는 / 돕는다. / 가난한 사람들을 / 아프리카에서
8. 나의 아내는 / 돕는다. / 아픈 늙은 사람들을 / 병원에서
9. 우리는 / 도왔다. / 서로를
10. 나는 / 요리한다. / 저녁을 / 나의 아이들을 위해서
11. 나의 아빠는 / 요리한다. / 아침을 / 나를 위해서 / 매일 아침
12. 나의 엄마는 / 요리했다. / 약간의 달걀들과 감자들을 / 나의 아침을 위해서 / 오늘 아침
13. 나는 / 한다. / 컴퓨터 게임들을 / 나의 친구들과 / 즐거움을 위해서
14. 나의 남편은 / 한다. / 컴퓨터 게임들을 / 그의 동료들과 함께 / 퇴근 후에
15. 나는 / 쳤다. / 배드민턴을 / 나의 이웃들과 / 공원에서
16. 나는 / 운동한다. / 네 번 / 일주일에
17. 나의 고모는 / 운동한다. / 피트니스 센터에서 / 이른 아침에
18. 나는 / 운동했다. / 체육관에서 / 한 시간 동안 / 어제
19. 나는 / 오른다. / (그) 산을 / 매일 아침 / 나의 건강을 위해서
20. Bob은 / 오른다. / 계단을 / 대신에 / 타는 것을 / 엘리베이터를 / 건강을 위해서
21. 우리는 / 올라갔다. / 정상까지 / (그)산의 / 어제 아침에
22. 나는 / 산책한다. / 나의 강아지와 / 저녁식사 후에

워크북 부록

1 Day Lecture Useful Expressions [유용한 표현들]

23. She takes a walk with her puppy in the evening.
24. They took a walk in the park near his house.
25. I take a bus to my work every day.
26. He takes a taxi all the time.
27. It takes twenty minutes from here to his house.
28. We took the subway during rush hour.
29. I have two older sisters.
30. Sheila has one older and one younger brother.
31. I had a bad dream last night.

23. 그녀는 / 산책한다. / 그녀의 강아지와 / 밤에
24. 그들은 / 산책했다. / 공원에서 / 그의 집 근처의
25. 나는 / 탄다. / 버스를 / 나의 회사까지 / 매일
26. 그는 / 탄다. / 택시를 / 항상
27. (시간이) 걸린다. / 20분이 / 여기에서 / 그의 집까지
28. 우리는 / 탔다. / 지하철을 / 러시아워에
29. 나는 / 가지고 있다. / 두 명의 언니들
30. Sheila는 / 가지고 있다. / 한 명의 오빠와 한 명의 남동생을
31. 나는 / 가졌다.(=꿨다) / 나쁜 꿈을 / 지난밤에

워크북 3 ·· 128

1. I am a student now.
2. I was a student last year.
3. I will be a student next year.
4. You are happy now.
5. You were happy before.
6. You will be happy soon.
7. She is busy.
8. She was busy yesterday.
9. She will be busy tomorrow.
10. It is sunny today.
11. It was sunny two days ago.
12. It will be sunny this afternoon.
13. Where are you?
14. I am in the living room.
15. She is in the kitchen.
16. He is in the bathroom.
17. They are in the yard.
18. We are in the basement.
19. My car is in the parking lot.
20. I am here with you.
21. My father was there with me last night.

1. 나는 / 이다. / 학생 / 지금
2. 나는 / 이었다. / 학생 / 작년에
3. 나는 / 될 것이다. / 학생이 / 내년에
4. 당신은 / 이다. / 행복한(상태) / 지금
5. 당신은 / 이었다. / 행복한(상태) / 이전에
6. 당신은 / 될 것이다. / 행복한(상태)가 / 곧
7. 그녀는 / 이다. / 바쁜(상태)
8. 그녀는 / 이었다. / 바쁜(상태) / 어제
9. 그녀는 / 될 것이다. / 바쁜(상태)가 / 내일
10. (날씨가) 맑다. / 오늘
11. (날씨가) 맑았다. / 이틀 전에는
12. (날씨가) 맑을 것이다. / 오늘 오후에는
13. 어디 있나요? / 당신은
14. 나는 / 있다. / 거실에
15. 그녀는 / 있다. / 주방에
16. 그는 / 있다. / 욕실에
17. 그들은 / 있다. / 마당에
18. 우리는 / 있다. / 지하실에
19. 나의 차는 / 있다. / 주차장에
20. 나는 / 있다. / 여기에 / 당신과 함께
21. 나의 아빠는 / 있었다. / 거기에 / 나와 함께 / 지난밤에

워크북 부록

Useful Expressions [유용한 표현들]

1 Day Lecture

22. They are in the waiting room.
23. I need your help.
24. I am your English teacher.
25. They make a lot of money.
26. He is a famous singer in Japan.
27. She takes care of her elderly parents at home.
28. I got home around 9 p.m. yesterday.
29. He wears glasses.
30. We are so happy today.
31. The sun rises in the east.
32. I wake up late in the morning.
33. My husband is very busy now.
34. They have lunch together in the school cafeteria.
35. I am in the office now.
36. He speaks English well.
37. She was a nurse before.
38. We will be busy next month.
39. It is raining outside.

22. 그들은 / 있다. / 대기실에
23. 나는 / 필요로 한다. / 당신의 도움을
24. 나는 / 이다. / 당신의 영어선생님
25. 그들은 / 만든다. / 많은 돈을(=돈을 벌다)
26. 그는 / 이다. / 유명한 가수 / 일본에서
27. 그녀는 / 돌본다. / 그녀의 늙은 부모님들을 / 집에서
28. 나는 / 도착했다. / 집에 / 9시경에 / 어제
29. 그는 / 쓴다. / 안경을
30. 우리는 / 너무 행복하다. / 오늘
31. 태양은 / 떠오른다. / 동쪽에서
32. 나는 / 일어난다. / 늦게 / 아침에
33. 나의 남편은 / 매우 바쁘다. / 지금
34. 그들은 / 먹는다. / 점심을 / 함께 / 학교 매점에서
35. 나는 / 있다. / 사무실에 / 지금
36. 그는 / 말한다. / 영어를 / 잘
37. 그녀는 / 이었다. / 간호사 / 이전에
38. 우리는 / 바쁠 것이다. / 다음달에
39. (날씨가) 비가 오고 있다. / 밖은

워크북 4 ·········· 150

1. They are new teachers.
2. We hired new teachers.
3. That is a book.
4. I read a book.
5. He is a doctor.
6. I called a doctor.
7. These are apples.
8. I love apples.
9. Those are my students.
10. I teach my students in the classroom.
11. This is a bike.
12. I ride a bike every Sunday.

1. 그들은 / 이다. / 새로운 선생님들
2. 우리는 / 고용했다. / 새로운 선생님들을
3. 저것은 / 이다. / 책
4. 나는 / 읽는다. / 책을
5. 그는 / 이다. / 의사
6. 나는 / 불렀다. / 의사를
7. 이것들은 / 이다. / 사과들
8. 나는 / 좋아한다. / 사과들을
9. 저 사람들은 / 이다. / 나의 학생들
10. 나는 / 가르친다. / 나의 학생들을 / 교실에서
11. 이것은 / 이다. / 자전거
12. 나는 / 탄다. / 자전거를 / 일요일 마다

워크북 부록

Day 1 Lecture

Useful Expressions [유용한 표현들]

워크북 5 ··· 162

1. She is sad.
2. Is she sad?
3. It's raining in Busan.
4. Is it raining in Busan?
5. It is true.
6. Is it true?
7. You have a meeting.
8. Do you have a meeting?
9. You speak Japanese.
10. Do you speak Japanese?
11. You wear glasses.
12. Do you wear glasses?
13. You are bored.
14. Are you bored?
15. You are tired.
16. Are you tired?
17. She was surprised.
18. Was she surprised?
19. He was touched.
20. Was he touched?
21. I am nervous.
22. Am I nervous?
23. They are expensive.
24. Are they expensive?
25. This is cheap.
26. Is this cheap?
27. It is easy.
28. Is it easy?
29. I am hungry.
30. Am I hungry?
31. This book is interesting.
32. Is this book interesting?
33. You need my help.
34. Do you need my help?
35. We have enough time.

1. 그녀는 / 슬프다.
2. 그녀는 / 슬픈가요?
3. (날씨) 비가 오고 있다. / 부산에는
4. (날씨) 비가 오고 있나요? / 부산에는
5. 그것은 / 사실이다.
6. 그것이 / 사실입니까?
7. 당신은 / 가지고 있다. / 회의를
8. 당신은 / 가지고 있나요? / 회의를
9. 당신은 / 말한다. / 일본어를
10. 당신은 / 말합니까? / 일본어를
11. 당신은 / 낀다 . / 안경을
12. 당신은 / 낍니까? / 안경을
13. 당신은 / 지루하다.
14. 당신은 / 지루합니까?
15. 당신은 / 피곤하다.
16. 당신은 / 피곤합니까?
17. 그녀는 / 놀랐었다.
18. 그녀는 / 놀랐었나요?
19. 그는 / 감동했었다.
20. 그는 / 감동했었나요?
21. 나는 / 긴장했다.
22. 내가 / 긴장했나요?
23. 그것들은 / 비싸다.
24. 그것들이 / 비싼가요?
25. 이것은 / 싸다.
26. 이것은 / 쌉니까?
27. 그것은 / 쉽다.
28. 그것이 / 쉽습니까?
29. 나는 / 배고프다.
30. 내가 / 배가 고픈가요?
31. 이 책은 / 흥미롭다.
32. 이 책은 / 흥미로운가요?
33. 당신은 / 필요로 한다. / 나의 도움을
34. 당신은 / 필요로 합니까? / 나의 도움을
35. 우리는 / 가지고 있다. / 충분한 시간을

Useful Expressions [유용한 표현들]

1 Day Lecture

36. Do we have enough time?
37. They like computer games.
38. Do they like computer games?
39. You enjoy riding a bike.
40. Do you enjoy riding a bike?
41. You know me.
42. Do you know me?
43. They take a bus.
44. Do they take a bus?
45. You take a nap during the lunch time.
46. Do you take a nap during the lunch time?
47. They use chopsticks.
48. Do they use chopsticks?
49. You live with your parents in law.
50. Do you live with your parents in law?
51. You work here.
52. Do you work here?

36. 우리는 / 가지고 있습니까? / 충분한 시간을
37. 그들은 / 좋아한다. / 컴퓨터 게임들을
38. 그들은 / 좋아합니까? / 컴퓨터 게임들을
39. 당신은 / 즐긴다. / 타는 것을 / 자전거를
40. 당신은 / 즐깁니까? / 타는 것을 / 자전거를
41. 당신은 / 안다. / 나를
42. 당신은 / 압니까? / 나를
43. 그들은 / 탄다. / 버스를
44. 그들은 / 탑니까? / 버스를
45. 당신은 / 낮잠을 잔다. / 점심시간 동안에
46. 당신은 / 낮잠을 잡니까? / 점심시간 동안에
47. 그들은 / 사용한다. / 젓가락들을
48. 그들은 / 사용합니까? / 젓가락들을
49. 당신은 / 삽니다. / 당신의 시부모들과
50. 당신은 / 삽니까? / 당신의 시부모들과
51. 당신은 / 일한다. / 여기에서
52. 당신은 / 일합니까? / 여기에서

워크북 6 ·· 188

1. I am healthy.
2. She is weak.
3. I will be a teacher in the future.
4. He is smart.
5. They are angry.
6. We were busy yesterday.
7. This shirt is cheap.
8. These are expensive.
9. It will be sunny tomorrow.
10. That is my purse.
11. Those are yours.
12. It is raining outside.
13. My father was sick last night.
14. They were my students last year.
15. We will be rich soon.
16. I live in Seoul. iends.

1. 나는 / 건강하다.
2. 그녀는 / 약하다.
3. 나는 / 될 것이다. / 선생님이 / 미래에
4. 그는 / 똑똑하다.
5. 그들은 / 화가 났다.
6. 우리는 / 바빴다. / 어제
7. 이 셔츠는 / 싸다.
8. 이것들은 / 비싸다.
9. (날씨가) 맑을 것이다. / 내일은
10. 저것은 / 나의 지갑이다.
11. 저것들은 / 당신의 것이다.
12. (날씨) 비가 오고 있다. / 밖은
13. 나의 아빠는 / 아팠다. / 지난밤에
14. 그들은 / 나의 학생들이었다. / 작년에
15. 우리는 / 부자가 될 것이다. / 곧
16. 나는 / 삽니다. / 서울에

워크북 부록

Useful Expressions [유용한 표현들]

17. I have many friends.
18. My dog sleeps on the sofa.
19. She works for the government.
20. My kids ride a bike every day.
21. I study English with Sheila.
22. I arrived at home around midnight.
23. He has a car.
24. I talked on the phone with my friend for an hour.
25. I bought a nice shirt last weekend.
26. I take a shower in the evening.
27. We go to church every Sunday.
28. I asked a personal question.
29. I wash my hair every night.
30. His father died two years ago.
31. My daughter cried over and over in her room.
32. I wear earrings.
33. She got on the bus just now.
34. He hates me.
35. I finished my homework last night.
36. It happened three years ago.
37. He smiled at me.
38. I learned many things from you.
39. We agree with your opinion.
40. He runs very fast.
41. We work hard.
42. I love my family more than anything else.

17. 나는 / 가지고 있습니다. / 많은 친구들을
18. 나의 강아지는 / 잡니다. / 소파에서
19. 그녀는 / 일합니다. / 정부를 위해
20. 나의 아이들은 / 탑니다. / 자전거를 / 매일
21. 나는 / 공부합니다. / 영어를 / 쉴라와 함께
22. 나는 / 도착했습니다. / 집에 / 자정쯤에
23. 그는 / 가지고 있습니다. / 차를
24. 나는 / 통화했습니다. / 나의 친구와 / 한시간 동안
25. 나는 / 샀습니다. / 좋은 셔츠를 / 지난 주말에
26. 나는 / 샤워합니다. / 밤에
27. 우리는 / 갑니다. / 교회에 / 매주 일요일마다
28. 나는 / 물었습니다. / 개인적인 질문을
29. 나는 / 감는다. / 나의 머리를 / 매일 밤
30. 그의 아버지는 / 돌아가셨다. / 2년 전에
31. 나의 딸은 / 울었다. / 계속해서 / 그녀의 방에서
32. 나는 / 한다. / 귀걸이를
33. 그녀는 / 탔다. / 버스에 / 방금 전에
34. 그는 / 싫어한다. / 나를
35. 나는 / 마쳤다. / 나의 숙제를 / 지난밤에
36. 그것은 / 일어났다. / 3년 전에
37. 그는 / 웃었다. / 나를 보고
38. 나는 / 배웠다. / 많은 것들을 / 당신으로 부터
39. 우리는 / 동의한다. / 당신의 의견에
40. 그는 / 뛴다. / 매우 빠르게
41. 우리는 / 일한다. / 열심히
42. 나는 / 사랑한다. / 나의 가족을 / 더 / 그 무엇보다

워크북 7 ········· 212

1. It's cloudy today.
2. Is it cloudy today?
3. It's not cloudy today.
4. It's windy today.
5. Is it windy today?

1. (날씨) 구름이 꼈다. / 오늘은
2. (날씨) 구름이 꼈나요? / 오늘은
3. (날씨) 구름이 끼지 않았다. / 오늘은
4. (날씨) 바람이 분다. / 오늘은
5. (날씨) 바람이 붑니까? / 오늘은

Useful Expressions [유용한 표현들]

 1 Day Lecture

6. It's not windy today.
7. It was cold yesterday.
8. Was it cold yesterday?
9. It was not cold yesterday.
10. It's warm inside.
11. Is it warm inside?
12. It's not warm inside.
13. It's too hot outside.
14. Is it too hot outside?
15. It's not too hot outside.
16. It's foggy in London.
17. Is it foggy in London?
18. It's not foggy in London.
19. It's Friday today.
20. Is it Friday today?
21. It's not Friday today.
22. They are soldiers.
23. Are they soldiers?
24. They are not soldiers.
25. He is poor.
26. Is he poor?
27. He is not poor.
28. We are rich.
29. Are we rich?
30. We are not rich.
31. You get up early.
32. Do you get up early?
33. You don't get up early.
34. You live near here.
35. Do you live near here?
36. You don't live near here.
37. They sing well.
38. Do they sing well?
39. They don't sing well.
40. You smoke.
41. Do you smoke?
42. You don't smoke.
43. They keep in touch.
44. Do they keep in touch?

6. (날씨) 바람이 불지 않는다. / 오늘은
7. (날씨) 추웠다. / 어제는
8. (날씨) 추웠나요? / 어제는
9. (날씨) 춥지 않았다. / 어제는
10. (날씨) 따스하다. / 안은
11. (날씨) 따스한가요? / 안은
12. (날씨) 따스하지 않다. / 안은
13. (날씨) 너무 덥다. / 밖은
14. (날씨) 너무 덥나요? / 밖은
15. (날씨) 너무 덥지 않다. / 밖은
16. (날씨) 안개가 꼈다. / 런던은
17. (날씨) 안개가 꼈나요? / 런던은
18. (날씨) 안개가 끼지 않았다. / 런던은
19. (요일) 금요일이다. / 오늘은
20. (요일) 금요일인가요? / 오늘은
21. (요일) 금요일이 아니다. / 오늘은
22. 그들은 이다. / 군인들
23. 그들은 입니까? / 군인들
24. 그들은 아니다. / 군인들이
25. 그는 / 가난하다.
26. 그는 / 가난한가요?
27. 그는 / 가난하지않다.
28. 우리는 / 부자다.
29. 우리가 / 부자인가요?
30. 우리는 / 부자가 아니다.
31. 당신은 / 일어난다. / 일찍
32. 당신은 / 일어납니까? / 일찍
33. 당신은 / 일어나지 않는다. / 일찍
34. 당신은 / 산다. / 이 근처에
35. 당신은 / 삽니까? / 이 근처에
36. 당신은 / 살지않는다. / 이 근처에
37. 그들은 / 노래 부른다. / 잘
38. 그들은 / 노래 부릅니까? / 잘
39. 그들은 / 노래 부르지 못한다. / 잘
40. 당신은 / 담배 핀다.
41. 당신은 / 담배 핍니까?
42. 당신은 / 담배 피지 않는다.
43. 그들은 / 연락한다.
44. 그들은 / 연락합니까?

워크북
부록

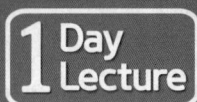

Useful Expressions [유용한 표현들]

45. They don't keep in touch.
46. You drive.
47. Do you drive?
48. You don't drive.
49. They have a special plan.
50. Do they have a special plan?
51. They don't have a special plan.
52. You catch a cold easily.
53. Do you catch a cold easily?
54. You don't catch a cold easily.
55. We have a choice.
56. Do we have a choice?
57. We don't have a choice.
58. You have a fever.
59. Do you have a fever?
60. You don't have a fever.

45. 그들은 / 연락하지 않습니다.
46. 당신은 / 운전한다.
47. 당신은 / 운전합니까?
48. 당신은 / 운전하지 않는다.
49. 그들은 / 가지고 있다. / 특별한 계획을
50. 그들은 / 가지고 있습니까? / 특별한 계획을
51. 그들은 / 가지고 있지 않다. / 특별한 계획을
52. 당신은 / 걸린다. / 감기를 / 쉽게
53. 당신은 / 걸립니까? / 감기를 / 쉽게
54. 당신은 / 걸리지 않는다. / 감기를 / 쉽게
55. 우리는 / 가지고 있다. / 선택(권)을
56. 우리는 / 가지고 있나요? / 선택(권)을
57. 우리는 / 가지고 있지 않다. / 선택(권)을
58. 당신은 / 가지고 있다. / 열을 (=열이 난다)
59. 당신은 / 가지고 있나요? / 열을
60. 당신은 / 가지고 있지 않다. / 열을

워크북 8 ··· 238

1. She is crying.
2. Is she crying?
3. Why is she crying?
4. You go to work.
5. Do you go to work?
6. Where do you go to work?
7. You are ready.
8. Are you ready?
9. When are you ready?
10. You like drinking.
11. Do you like drinking?
12. What do you like drinking?
13. He is upset.
14. Is he upset?
15. Why is he upset?
16. You take an English class.
17. Do you take an English class?

1. 그녀는 / 울고 있다.
2. 그녀는 / 울고 있나요?
3. 왜 / 그녀가 / 울고 있나요?
4. 당신은 / 갑니다. / 일하러
5. 당신은 / 갑니까? / 일하러
6. 어디로 / 당신은 / 갑니까? / 일하러
7. 당신은 / 준비되었습니다.
8. 당신은 / 준비되었나요?
9. 언제 / 당신은 / 준비되나요?
10. 당신은 / 좋아합니다. / 술 마시는 것을
11. 당신은 / 좋아합니까? / 술 마시는 것을
12. 무엇을 / 당신은 / 좋아합니까? / 술 마시는 것을 (종류)
13. 그는 / 화났습니다.
14. 그가 / 화났습니까?
15. 왜 / 그가 / 화났습니까?
16. 당신은 / 수강합니다. / 영어수업을
17. 당신은 / 수강합니까? / 영어수업을

Useful Expressions
[유용한 표현들]

18. How often do you take an English class?
19. You are staying here.
20. Are you staying here?
21. How long are you staying here?
22. You go to university.
23. Do you go to university?
24. Where do you go to university?
25. She likes ice cream.
26. Does she like ice cream?
27. She doesn't like ice cream.
28. He plays golf well.
29. Does he play golf well?
30. He doesn't play golf well.
31. Your mother has a job.
32. Does your mother have a job?
33. Your mother doesn't have a job.
34. She hates studying math.
35. Does she hate studying math?
36. She doesn't hate studying math.
37. Sheila loves drinking espresso.
38. Does Sheila love drinking espresso?
39. Sheila doesn't love drinking espresso.
40. She uses a phone when she works.
41. Does she use a phone when she works?
42. She doesn't use a phone when she works.
43. She writes a letter to her mother once a month.
44. Does she write a letter to her mother once a month?
45. She doesn't write a letter to her mother once a month.
46. Bob skips class.

18. 얼마나 자주 / 당신은 / 수강합니까? / 영어수업을
19. 당신은 / 머물고 있습니다. / 여기에
20. 당신은 / 머물고 있습니까? / 여기에
21. 얼마나 오래 / 당신은 / 머물고 있습니까? / 여기에
22. 당신은 / 갑니다. / 대학에
23. 당신은 / 갑니까? / 대학에
24. 어디로 / 당신은 / 갑니까? / 대학에
25. 그녀는 / 좋아합니다. / 아이스크림을
26. 그녀는 / 좋아합니까? / 아이스크림을
27. 그녀는 / 좋아하지 않습니다. / 아이스크림을
28. 그는 / 칩니다. / 골프를 / 잘
29. 그는 / 칩니까? / 골프를 / 잘
30. 그는 / 치지 않습니다. / 골프를 / 잘
31. 당신의 엄마는 / 가지고 있습니다. / 직업을
32. 당신의 엄마는 / 가지고 있습니까? / 직업을
33. 당신의 엄마는 / 가지고 있지않습니다. / 직업을
34. 그녀는 / 싫어한다. / 공부하는 것을 / 수학을
35. 그녀가 / 싫어합니까? / 공부하는 것을 / 수학을
36. 그녀는 / 싫어하지 않습니다. / 공부하는 것을 / 수학을
37. 쉴라는 / 좋아합니다. / 마시는 것을 / 에스프레소를
38. 쉴라는 / 좋아합니까? / 마시는 것을 / 에스프레소를
39. 쉴라는 / 좋아하지 않습니다. / 마시는 것을 / 에스프레소를
40. 그녀는 / 사용합니다. / 전화를 / 그녀가 일할 때
41. 그녀는 / 사용합니까? / 전화를 / 그녀가 일할 때
42. 그녀는 / 사용하지 않습니다. / 전화를 / 그녀가 일할 때
43. 그녀는 / 쓴다. / 편지를 / 그녀의 엄마에게 / 한번 / 한 달에
44. 그녀는 / 씁니까? / 편지를 / 그녀의 엄마에게 / 한번 / 한 달에
45. 그녀는 / 쓰지 않는다. / 편지를 / 그녀의 엄마에게 / 한번 / 한 달에
46. Bob은 / 빠진다. / 수업을

Useful Expressions [유용한 표현들]

47. Does Bob skip class?
48. Bob doesn't skip class.
49. His brother works hard.
50. Does his brother work hard?
51. His brother doesn't work hard.
52. We met him two days ago.
53. Did we meet him two days ago?
54. We didn't meet him two days ago.
55. I solved the question easily.
56. Did I solve the question easily?
57. I didn't solve the question easily.
58. You slept well last night.
59. Did you sleep well last night?
60. You didn't sleep well last night.
61. She had lunch with her sister.
62. Did she have lunch with her sister?
63. She didn't have lunch with her sister.
64. They went there together.
65. Did they go there together?
66. They didn't go there together.
67. She stayed with me for a while.
68. Did she stay with me for a while?
69. She didn't stay with me.
70. I brushed my teeth after lunch.
71. Did I brush my teeth after lunch?
72. I didn't brush my teeth after lunch.
73. He went to bed around midnight.
74. Did he go to bed around midnight?
75. He didn't go to bed around midnight.
76. Bob watched the movie a long time ago.
77. Did Bob watch the movie a long time ago?
78. Bob didn't watch the movie a long time ago.
79. We visited him last winter.
80. Did we visit him last winter?
81. We didn't visit him last winter.

47. Bob은 / 빠집니까? / 수업을
48. Bob은 / 빠지지 않는다. / 수업을
49. 그의 형은 / 일한다. / 열심히
50. 그의 형은 / 일합니까? / 열심히
51. 그의 형은 / 일하지 않습니다. / 열심히
52. 우리는 / 만났다. / 그를 / 이틀 전에
53. 우리는 / 만났나요? / 그를 / 이틀 전에
54. 우리는 / 만나지 않았다. / 그를 / 이틀 전에
55. 나는 / 풀었다. / 그 질문을 / 쉽게
56. 내가 / 풀었나요? / 그 질문을 / 쉽게
57. 나는 / 풀지 않았다. / 그 질문을 / 쉽게
58. 당신은 / 잤다. / 잘 / 지난밤에
59. 당신은 / 잤나요? / 잘 / 지난밤에
60. 당신은 / 자지못했다. / 잘 / 지난밤에
61. 그녀는 / 먹었다. / 점심을 / 그녀의 여동생과
62. 그녀는 / 먹었나요? / 점심을 / 그녀의 여동생과
63. 그녀는 / 먹지 않았다. / 점심을 / 그녀의 여동생과
64. 그들은 / 갔다. / 거기에 / 함께
65. 그들이 / 갔나요? / 거기에 / 함께
66. 그들은 / 가지 않았다. / 거기에 / 함께
67. 그녀는 / 머물렀다. / 나와 함께 / 잠시 동안
68. 그녀는 / 머물렀나요? / 나와 함께 / 잠시 동안
69. 그녀는 / 머무르지 않았다. / 나와 함께
70. 나는 / 닦았다. / 나의 이를 / 점심 후에
71. 내가 / 닦았나요? / 나의 이를 / 점심 후에
72. 나는 / 닦지 않았다. / 나의 이를 / 점심 후에
73. 그는 / 갔다. / 잠자러 / 자정쯤
74. 그는 / 갔나요? / 잠자러 / 자정쯤
75. 그는 / 가지 않았다. / 잠자러 / 자정쯤
76. Bob은 / 봤다. / 그 영화를 / 오래전에
77. Bob은 / 봤나요? / 그 영화를 / 오래전에
78. Bob은 / 보지 않았다. / 그 영화를 / 오래전에
79. 우리는 / 방문했다. / 그를 / 지난 겨울
80. 우리가 / 방문했나요? / 그를 / 지난 겨울
81. 우리는 / 방문하지 않았다. / 그를 / 지난겨울

Useful Expressions
[유용한 표현들]

1 Day Lecture

82. They had a great time there.
83. Did they have a great time there?
84. They didn't have a great time there.
85. Sheila chatted with her friend on the phone.
86. Did Sheila chat with her friend on the phone?
87. Sheila didn't chat with her friend on the phone.
88. Lucci went shopping yesterday.
89. Did Lucci go shopping yesterday?
90. Lucci didn't go shopping yesterday.
91. He is there.
92. Is he there?
93. Why is he there?
94. They drink coffee.
95. Do they drink coffee?
96. When do they drink coffee?

82. 그들은 / 가졌다. / 좋은 시간을 / 거기서
83. 그들은 / 가졌나요? / 좋은 시간을 / 거기서
84. 그들은 / 가지지 않았다. / 좋은 시간을 / 거기서
85. 쉴라는 / 수다 떨었다. / 그녀의 친구와 / 전화로
86. 쉴라는 / 수다 떨었나요? / 그녀의 친구와 / 전화로
87. 쉴라는 / 수다 떨지 않았다. / 그녀의 친구와 / 전화로
88. 루씨는 / 갔다. / 쇼핑하러 / 어제
89. 루씨는 / 갔나요? / 쇼핑하러 / 어제
90. 루씨는 / 가지 않았다. / 쇼핑하러 / 어제
91. 그는 / 있다. / 거기에
92. 그는 / 있습니까? / 거기에
93. 왜 / 그는 / 있습니까? / 거기에
94. 그들은 / 마십니다. / 커피를
95. 그들은 / 마십니까? / 커피를
96. 언제 / 그들은 / 마십니까? / 커피를

워크북
부록

One Day Lecture
Special 눈사람들의 겉말 / 속말

CARTOON

안녕!

Hi~!

왠 양산?!
Is it an umbrella?
[그거 양산이니?]

umbrella [ʌmbrelə] 우산, 양산

Yes!
보면 모르냐!
This is an umbrella.
[응! 이거 양산이야.]
Is it too hot?
[너무 덥지?]

근데..... 기분이 좀 이상하지 않냐?
이 흘러내리는 느낌은.... 뭐지?
······

MEMO

One Day Lecture
Special 눈사람들의 겉말 / 속말   **CARTOON**